U0058151

家家都有藝術家

親子EQ與美學

黃美廉 著

吳　序

　　第一次見到黃美廉是在 1988 年加州州立大學洛杉磯分校特殊教育系系館。透過系主任 Gary Best 的介紹，認識了這位「奇女子」，彼此一見如故。那時她已快要拿到藝術碩士學位。隔年，美廉在闊別家鄉十年之後，回台在美國文化中心開畫展，再次見到她。那次畫展相當轟動，因為她是一位「腦性麻痺畫家」。她還把畫展義賣所得二百多萬元台幣悉數捐給 YMCA 作為障礙兒童活動基金。1992 年，美廉獲得加州州立大學洛杉磯分校的藝術專科博士，並獲選為最傑出的四名畢業生之一。翌年，她學成回國在台北市市立美術館開畫展，並接著作環島巡迴展出。三度見面時，我們有一段有趣的對話（筆談）：

　　「吳教授，你好忙喔，我都找不到你！」

　　「真是抱歉！」

　　「你看起來還是跟以前一樣瀟灑。」

「你在吃我的老豆腐！」

結果當然是彼此都樂不可支。

這一年，她獲選為「中華民國十大傑出青年」。

美廉得到博士學位之後不久，成立了「黃美廉畫室」，成為「專業畫家」。除了自己作畫，她還指導小朋友及家長作畫、賞畫；並曾應功文文教基金會之邀，作系列親子藝術講座。去年（1997 年）並曾應邀到新加坡、馬來西亞舉行畫展，並作見證、佈道和演講。她還是一名專欄作家，曾出版「畫家話畫」一書（宇宙光雜誌社），廣獲好評。

美廉自幼罹患腦性痲痺，在虔誠的宗教信仰及家人、師長、朋友的照顧下長大；雖口不能言，又身體顏面運動神經不能協調得很好，但在奮鬥中卻已有幫助別人及教導別人的能力，並有自己的一片天空。如今，美廉已是台灣的「聞人」，尤其在教育界提起「黃美廉」，大家莫不豎起大拇指　她是一位藝術家，是一位「超越缺憾」的典範。

我所認識的黃美廉，最不平凡的不只是她的藝術才華，更是她的樂天氣質。她的基本信念是：「就是在患難中，也是歡歡喜喜的。」（聖經，羅馬書二章三

節）。她喜樂的性格充分表現在她的作品及做人處世上。美廉大塊畫作的主題充滿了希望、想像、愛、喜悅與自然美，極具震撼力和感染力。她的指導教授加州州立大學藝術學院副院長 Robert Reeser 便這樣說道：「美廉的畫傳達的是經驗的本質，而不是事物的表象，它是那麼清新、自發、自然！」換言之，她是以心靈在作畫。事實上，我所接觸的黃美廉，非常體貼、包容、幽默，從不抱怨。誠於內，形於外，真是好心腸、好修養。每次我誇讚她時，她總表現出很不好意思的樣子，然後寫著：「我沒有那麼好。」這又是她的另一個特質：謙虛。

　　美廉熱愛生命、熱愛自然、熱愛藝術，也關懷教育。許多人不知道美廉副修心理學，而且她把美學與心理學融合得非常好；她希望透過藝術，美化心靈、美化家庭、美化生活。在她看來，也許不是每個人都能成為藝術創作者，但每個人都可以是藝術欣賞者、園藝家、生活藝術家。當美廉把她的「親子藝術」教學心得寫成文字時，我們終於知道當 EQ 碰上美學時是怎麼回事，我不得不佩服她的超卓見識。

　　這一本「家家都有藝術家」，可以說是一本生活化

的「兒童美術心理學」，就像她的畫作一樣，清新、溫馨、親切而有內涵。每篇文章讀來都令人興致盎然，回味無窮。這本書文筆暢達固不必說，還有精美插圖，都是美廉的創作，可謂「圖文並茂」，讀者可以有雙重享受。說這是一本奇女子的奇書、好書，應不為過。作為美廉的「老朋友」，能先睹為快，一樂也；能因而沾光寫序，實在不好意思。

吳武典

1998年3月25日

於台灣師大特殊教育系

畢　序

　　收到美廉從太平洋的另一岸傳真過來的音信中，得
悉了一件令我欣喜萬分的消息。那就是她已完成了這本
有關心理學方面的著作——「家家都有藝術家」，並邀
我為這本書寫篇序言。對我這剛剛上任美國加利福尼亞
州精神（心理）衛生局的醫務局長來說，心中卻極度的
猶豫。因為加州是美國人口最眾（三千多萬）的一州，
萬事都執有先驅者之勢，我所擔任的行政職責極為繁
重，此時正逢準備精神衛生局每年一度審核聽證近二十
億美元的龐大預算之際，唯恐人在「官場」，身不由
己，無法按時將序言寫好。經過一番自我辯論及思維反
芻，終於戰戰兢兢地答應了下來。除了要「惜緣」之
外，還想藉此序言來證明我的慧眼並沒有錯識英
「雌」。並且還可以兌現我為美廉在一九九三年出版的
「畫家畫話」一書中寫的那篇短文的高度確實性：「黃
美廉是一位擁有豐富生命的藝術家，她的才華，將人生

描畫得像彩虹般地佳美，她生動感人的見證，充分地將
神的榮耀彰顯出來。那無限的毅力、勇氣與親和力啟迪
了珍貴生命的真諦……永遠地充滿著信、望、愛」。四
年後的今天，身為精神科醫師的我，不斷地以精湛的醫
術，去治癒病痛的身心，撫慰疲乏的生命。當因工作忙
碌，越來越沒有時間及心力去欣賞藝術，漸漸與藝術化
人生疏遠而對它變得如此陌生的時候，美廉卻適時地又
給予我這個良機，去重燃對藝術的熱誠，也提醒了我勿
忘以藝術來美化人生與工作。這是何等的恩典與榮譽。

　　美廉的這本新作是關於藝術的專業書籍，在藝術與
心理方面的觀點與建議具有獨特性及實用性。對象是父
母和老師，書中的要點包括使父母知道藝術教育不是只
有學校，而是從父母自己和孩子的互動做起；生活藝術
化、藝術生活化；孩子的心理層面是可以由藝術來了解
與溝通，由藝術來建設及幫助孩子在心理上的成長，而
父母也一起成長；EQ 與美學的關係：強調天生我才必有
用，家家都有藝術家，只是他們用什麼不同的方式來表
達藝術。這本書的寫作方式是柔中帶剛，軟性文章帶著
很強的理論基礎。

　　每一個人的生命中，都擁有一面畫板及多支彩筆，

如何去創作屬於自己多采多姿的豐盛生命？如何去美化
人生？除了是個人的選擇之外，還需要周圍環境的襯陪
及親友、師長的啟蒙與鼓勵。沒有藝術美化的人生，家
庭及生活是單調的，也是無味的。在創作藝術時，可以
讓自己進入一個沒有止境，而又沒有任何人干涉的自由
領域裏。這不是放縱，是釋放及昇華壓抑的情懷，而將
七情六慾化成建造性的力量，助長健康的性情。

　　美廉在藝術世界中，已從自我限制及被動的境界裏
走了出來，轉變為自由釋放及主動創新，她的人生已更
上了一層樓，並進入了更高的層面。她鼓吹如何發掘藝
術潛能，栽培藝術才華，脫離傳統的填鴨式教育，而提
倡啟發式教育；建議父母與孩子如何一起互動地建立審
美觀及正確的價值觀；指點如何美化人生、美化家庭。
在美廉的生命中，流露著真情、善意與美感。她要去喚
醒生命，去影響別人，去照亮黑暗，好給生命帶來更廣
的空間度，藉著藝術給生命加添了活力；更莫讓人世間
將殘的燈火熄滅，壓傷的蘆葦折斷。

　　懷抱著一顆感恩的心來寫這篇序文，因為自己是一
個何等幸福的人。在繁忙的日子裏，總是知道如何偷閑
去欣賞自己家中的兩位藝術家的作品——妻子娜琪的陶

藝及兒子小暉的油畫與高科技電腦藝術，我們一家三口一起來美化生命，來滋潤親情，並享受天倫之樂。更為幸福的是還有一位藝術大師──黃美廉在旁邊指導著。

　　在此，祈願家家都有藝術家，這可以美化充滿著悲歡離合的人生，好讓愛來抹去人世間的醜惡、虛偽及生老病死的無奈。最後更盼望家家都有物「美」價「廉」的喜樂。

　　　　　　　　　　　　畢新東

　　　　　　　　　　　　一九九七年六月十二日

　　　　　　　　　　　　脫稿於美國加州首府沙加緬度

　　※畢新東醫生，現任美國加利福尼亞州精神（心理）衛生局醫務局長，洛杉磯南加大醫學院精神科教授及跨文化精神醫學部主任。

黃　序

　　如果美廉的這本書沒有找我寫序，我大概會有點難過；但是她請我寫序，我又覺得承當不起這樣的抬舉。

　　小時候最難忘的一次繪畫經驗是在我家的玄關發生的。那時我不知哪來一截橘色的蠟筆，鄰居的阿玲在我家玩，我找不到可以畫的紙張，看到玄關那片白色的粉牆，心血來潮，告訴阿玲：「我們就畫這片牆吧！」

　　我將蠟筆掰成兩半，一人一半，可是，畫什麼好呢？

　　「我們畫漁夫釣魚好了。」我說。阿玲一向都聽我的。

　　我先在牆上約在肩膀高度畫一條橫線，作為天和水的界限（看了這本書，我才知道這叫「基底線」）。在橫線的上方我先畫一個漁夫，頭上畫的三角形是斗笠，她也依樣畫了另一個漁夫。我們一邊畫，一邊聊天，利用粉牆上原有的斑剝和小凹洞，畫出各種魚，然後，我

開始在水的部分畫許多橫線條，從左到右，有時還是波
浪線條（原來這是「透明式」）。

我們畫得興致淋漓，阿玲老實，邊畫邊問：「你確
定你媽媽不會罵嗎？」

「不會啦！」我信心十足的說，我想媽媽一定會很
驚喜，從來沒畫過什麼驚人之作的女兒居然能畫「壁
畫」。

不久，媽媽回來了，她一臉訝然站在我們的聯合創
作前，許久說不出話來，沒有責罵，也沒有讚賞，更沒
有問我們畫些什麼。使我難堪的倒是之後鄰居親友來我
家時，通常會在玄關看到這幅塗鴉畫，然後就提醒我：
這樣做是該打、該罵、該罰的！

阿玲後來念了師大美術系，當了工藝和美術老師，
不知當年畫牆的經驗是不是啟發了她的潛能？但是在我
的成長過程中，繪畫再也沒留下足跡，它只是諸多功課
中的一項，我逐漸成了「畫盲」，既不動手畫，看畫也
看不出所以然。

寫出這段自白，是為了說明我寫這篇序的心情，我
從來都不敢想像我會被邀為一本談美術教育的書寫序，
但是因為美廉的緣故，我開始培養對美術、對繪畫的興

趣和關心，我們專業上的交集出現在童畫上，我們都愛看、愛談、愛分享圖畫書，最佩服她的是：她是一位藝術創作者，欣賞童書時卻能分析到其心理層面，一方面出自她在心理學上的研究，一方面則是藝術家敏銳的心思，我在她的指點之下，看到圖畫書更多的面貌。

　　因著這位益友，我也看到親職教育中很需要被提醒的一面：當孩子顯露他對繪畫的興趣時，父母該如何給他機會和環境；當孩子顯露他的繪畫才華時，父母該如何引導、支持、成長；繪畫和孩子的創意、情緒、人際關係、自我概念等等重要的發展有什麼關係。

　　藉著繪畫，親子可以發展出更溫馨親密的關係，為相處的時光留下更難忘的回憶，且讓黃美廉博士的「童心、師心、父母心」幫助您，也幫助您的孩子充分地享受上帝所賜的天分和家庭。

　　　　　　　　　　　　　　　　　黃迺毓

目　錄

亮麗、彩筆、親子情

　　當開始寫這本書的時候，所面臨的質疑是：我仍然是單身，也沒有生養過小孩，怎可以談親子藝術的關係與觀念呢？何況國內外親子教育的專家很多，要怎麼寫才是對家長和小朋友有益處的呢？然而，我想到的是：雖然我沒有結婚，也沒有小孩，但我曾經是而且現在仍然是父母的孩子。我看到朋友們和他們小孩相處的情形，也和朋友一起教過資優兒童美術班，每個我曾經教過的小朋友都像是自己的小孩，在上課的時候，我總是盡心地去教他們。

　　於此，我發現一件事，父母或同儕對小朋友藝術觀念的影響及引導，遠超過一個美術老師所能給予的，甚至可能決定小朋友對美的觀點及興趣。所以，父母在兒童美術所扮演的角色是很重要的。我相信，每一個家庭都有有藝術天分的小朋友，只是父母有沒有發現或栽培他們這方面的才華而已。

　　我從來都不知道自己是不是一個好老師，也不知道會不會成為一個母親，當然更不能確定是否會是一個好母親。然而，從父母、老師、牧師、及周遭為人父母的朋友身上，學習到也尋找到好父母與好老師的定義，沒有他們的支持與教導，今天就沒有我和這本書了。

　　曾經有記者訪問我和我的助理，我們的教育理念是什麼？我的回答是：引導、支持與成長。這也是這本書所要給讀者去思考的主題。

　　引導──一般父母與老師都常常給孩子一大堆知識，不論孩子是否有興趣或能力是否勝任。孩子是必須有很多知識才能在這社會生存下去，但引導孩子有學習的興趣，還是重要的第一步。

　　引導孩子對所學的知識產生興趣，並應用在生活裏，可讓孩子發現所學的可以在生活中運用，而體會到快樂、信心與安全感。曾教過幾個孩子關於色彩的調配，讓他們把這些知識運用在他們的服裝上。結果，大部分的人看到他們都稱讚他們的打扮，致使他們更喜歡色彩，也對自己及所學的有信心。

　　孩子的學習態度對他們學習的品質和速度影響很大，若父母與老師教導到學習態度很好的孩子是事半功

倍。因為他們對於所感興趣且受到讚美的科目會努力學習，並可能要求更多這方面的知識與最新的資訊，這時父母及老師就可以提供更多資料，而由孩子自己整合成為他們學習的一部分。

引導應該是雙向的，有時是溫和的溝通方式，有時是以激發心靈問答及辯論方式，更多時候是幽默生活化的方式，啟發孩子、父母、老師之間對於某些科目問題的想法及解決方式。父母和老師需有包容力接受孩子不同的看法和作法。因為孩子的方式可能帶給我們意想不到的驚喜和啟示。不同時代有不同的新發明產生，在孩子身上，我們會看到這些發明品的影響與所給孩子的方便和特質，父母不一定能全部了解孩子的想法，就如孩子也不完全了解父母的思維一樣，但是引導孩子探索和對新事物保持著一股熱情與好奇，將使我們一直在進步。這是教育最大的目標之一。

支持——對孩子所做的一切決定都予以支持態度。這並不是溺愛或放縱，如果一個孩子不到兩歲，跑到大馬路上，你我當然不能坐視不管，放任他去作可能危及他生命的事。在一定範圍之內，而且在安全的前提下，我們應該尊重孩子及他對自己的事作決定並負責。父母

老師可以引導但不是主導，可以影響孩子的決定，但不是為孩子決定一些事。

有一天在童裝店，陪朋友和她的孩子挑衣服，她的孩子喜歡上一件色彩非常強烈搶眼的衣服，朋友則擔心孩子會因其他孩子說太花而穿一、兩次就不穿了。她就對那孩子說：

「你喜歡那衣服！很鮮艷、很漂亮，但你的朋友可能會說那太花了。如果你答應我，即使人家說你穿得太花，你都不難過的話，那我就可以買給你……」

這個母親把可能會有的情形告訴孩子，也尊重孩子的自主權，而且要孩子負責，然後，在她能力可及的範圍之內，她就支持孩子的決定了。這是非常好的互動。

在日常生活中，有太多像這種小小機會可以增進父母孩子之間的藝術互動，只不過我們往往疏忽了，也不知道該怎麼作才是好的。

成長──但願此書的分享，使我們把握每天生活中的很多機會，更願好好珍惜與孩子相處的互動時光，因為孩子的童年只有一次，孩子的藝術與生活都在這個時期被塑造成型。

也衷心期盼父母及老師們可以用心去了解孩子在生

每一個小朋友都有藝術天分，只是我們如何去幫助他們，發揮他們的潛力呢？

理、心智上的發展，並和孩子在藝術上一起成長，花一點時間及心思和孩子一起尋找屬於我們自己的藝術觀吧！

　　這本書只是一個開端，一個拓展我們視野的開端。

　　這本書的主要訴求是在於提供一些建議給親愛父母和老師，使我們了解並幫助小朋友在心理、生理、美術與人際關係上的需要與成長，希望父母與自己的兒女一起在美的天地裏成長。

　　當我們讀這本書的時候，還可以先預見孩子在每一階段美術與身心發展的關係，知道孩子的性向與興趣，然後引導、培育他們。

　　每一個孩子都有他獨特氣質，只是我們發現的多少與早晚而已；而這些獨特氣質將使他們成為不同類型的藝術家。不一定都全是視覺的創作藝術家，也可以是藝術欣賞家、園藝家、生活藝術家。重要的是，應當從小時候就幫助他們找尋和欣賞自己和他們選擇的道路。也許，他們還會改變所選擇，但是成長之路本來就是多變的。或許我們和孩子對藝術有不同興趣，但只要我們在相處上更融洽，就使我們了解他們的心，他們也了解我們的心意。

　　希望這本書，使我們能更深切地了解、關懷、尊重小朋友的創作與想法，敏銳地觀察周遭環境與人際關係，進而使我們的生活及親子關係多采多姿，更親近、也更融洽。想想，和小朋友一起在藝術與愛中成長是多

麼美好與享受的一件事啊！

　　請以一顆包容和快樂的心來看這本書，或許，你可以從本書聯想到更多方面的親子藝術觀念與實際方法，這就是本書的最高目標之一。這不僅僅對親子關係會有所幫助，而且對父母親也是一次重新體驗人生的機會。當你和孩子的心靈因藝術與愛迸發出火花時，任何人都沒有辦法奪走，因為那是你和孩子彼此付出和分享的時刻與體驗。將來，孩子長大了，會說：

　　「我的童年是在充滿美、善和愛中成長，因為我有好爸爸、好媽媽陪我自由遨遊在藝術天地裏。」

　　而我們所希望看到這些小小藝術家在各行各業都有傑出的表現，而不只在美術上有很大的成就。我一直都有一個想法，就是：學藝術不只是學藝術而已，也是學習人生，因為對美的追尋是永無止境的，而所獲得的身心滿足和釋放力量更是言語難以形容，一旦對美的事物敏感，其他方面也將會有所精進。這在本書的內容中，會有詳盡說明。怎麼使藝術生活化，生活藝術化呢？就從我們親子藝術的關係做起吧！

童心、師心、父母心

　　在現代的社會裏，多數是以小家庭為主，照理說，孩子和父母相處的時間應該很多，彼此的關係會比以往農業社會來得緊密又親近！但是很多父母和子女的心靈反而疏離得很。一些家長常常說他們不懂孩子的畫，也不知道如何去引導孩子欣賞美的事物。

　　其實，孩子的畫是反映他的心理、生理與人際關係上的發展最直接和明顯的產物。很多父母都忽略了看孩子的畫是欣賞，也是了解孩子心靈及人格發展的最佳途徑，一直要求孩子畫得像成人畫家，作的陶藝像大師級的作品……。常見的是買幾本著色本給小孩著色，也許著色範本是讓小孩子畫畫最簡便的工具書，但卻是不能讓小孩發揮創造力與享受創作快樂的一種方式。當然，著色範本可加強兒童對物體與色彩的基本概念，並且把他們所記憶的物體色彩畫在那既定的範圍內。父母會很高興地為孩子能在著色本上著出好像接近他們所看到的

物體和色彩而喝采，又讚美孩子，給孩子一種印象是只要畫得像就是很好的作品了。如果父母和老師能突破自己對固有形體與色彩的認知，引導孩子們將更多色彩、畫具運用在有一定範圍的著色格局上面，那將使原本有限制的著色繪本成為非常有趣又有變化的親子畫本了。

在小學五年級時，有一天心血來潮想要參加一個著色比賽，我先和教會主日學的老師談，因為他也是學美術的。他先示範畫一張給我看，結果，這次示範影響我將來的美術觀念很深。

一般小朋友都用單一畫畫工具在著色範本的格式上畫，一點都不敢越界線，然而，這個老師卻將水彩、彩色筆和蠟筆混合使用著，在著色範本上形成非常特殊的視覺效果；他加上著色本上所沒有的陰影處理及明暗色調變化，他還把線條畫出界線之外，造成他所要的效果。我記不得整個畫面是怎麼樣的了，但是我還記得，一般人想到鋼琴的顏色是黑的，但他用很深的紫色、藍色及銀灰色互相使用著，當時，我很驚訝。雖然後來我並沒有參加那次的著色比賽，但這位老師的畫法卻為我開啟另一種看及畫著色本的方式，原來著色本也可以如此的豐富與多變啊！

　　父母和老師都希望敎出一些傑出的孩子，大部分的父母都希望孩子能補足自己不能實現的夢想。著色範本或者可以滿足父母希望孩子畫出一些什麼具體東西的願望吧，但如何豐富範本，就必須靠親子間的合作與智慧了。

　　有些父母急切的希望小孩快點長大，急著塑造孩子的性格，甚至樣樣都要比別家小孩快又優秀。這本來是父母愛子女的具體表現，這樣的理念或許能產生孩子們和父母間努力達成目標的原動力。

　　但是，父母可能忘了兒童仍在發育階段；兒童在身體上與心理上都有一定的限制。如果家長能夠坐在矮椅子上和一個站著的成人朋友談話，你就能體會到兒童的身高都比成人矮，從兒童的眼光來看世界和成人，都是高的、大的、新奇的。家長可能記起了自己也曾經是兒童，也曾用和兒童一樣的眼光看著這世界。可是，當我們成為父母或老師的時候大都是生理發育成熟了，反倒忽略兒童還在發育中的時期，與成人在心理和生理上是有段很大的距離的。

　　家長對兒童有著極高的期待是相當自然的一件事，若是我們了解到兒童得花多少力氣努力和我們講話與達

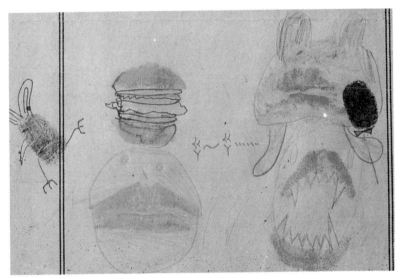

這「一家四口」是父母和孩子合作的最佳作品之一。

成我們的期望時，我們是否該調整一下自己的心理與姿態，平等地去對待兒童呢？

　　在教育中，「平等對待」是相當重要的理念之一。在美術與親子關係上更是如此。

　　平等對待首先就要學習以兒童的眼光和立場來看一件事情或一樣東西。我在教導資優兒童美術課時，常常以同等地位來和小朋友談美術，有時候會叫他們站在桌子上（我或另一個老師會扶著他們，以免他們跌倒）發

表他自己的畫或對畫的感想，而我和朋友說話時盡可能坐在平等的位置，眼睛平視著小朋友，當然這是外表的平等而已。有時候，我們會發現一件有趣的事：當我們蹲著要以平等的位置和孩子對話時，孩子也會蹲著和我們談話，這是非常可愛的舉動。在孩子的想法裏，可能希望和我們作同樣的事，加強他們和我們的認同感。這使我想起了，在大三時，要從東洛杉磯學院轉學到加州州立大學洛杉磯分校時，在和州立大學的教授面談時，因為我說話不方便，就用筆和教授溝通，而那教授也用筆和我溝通，後來，我提醒他我聽得到，他才說話，這是他尊重一個學生的行動，他也是我最喜歡的教授之一。我想好老師及好父母會了解這中間的互動關係的！什麼是美？不是由我們成人的眼光去定義灌輸，而是引導小朋友多看、多聽不同生活形態的藝術家所創作的作品與大自然的變化。使他們好奇地探索美的定義，而家長們的尊重、支持及包容將使小朋友的視野更寬闊。

　　父母常常會在乎小朋友有沒有很多又很好的美術作品，也希望小朋友能夠在畫畫或創作美術作品時，可以情緒穩定，安靜的完成；一般美術老師則是教導小朋友欣賞和畫畫的技巧；但是，小朋友在美術裏，最希望獲

得的可能是多一點遊戲的空間與自由，讓他們的記憶和想像力都可以透過他們的美術作品表現出來，他們需要與人分享創作的快樂！

這其間的認知和喜好差距，如果不妥善的化解及消除，將來可能擴大成代溝，使父母、老師與孩子沒辦法去溝通，更無法共同享受到藝術所帶來的樂趣。藝術是一條自我溝通、自我調適的途徑，也是一種非常好的非語言溝通方式。常看孩子的畫、陪孩子創作美術作品的家長和老師，大多都會從孩子的畫中了解孩子的情緒、思想、心願或喜歡什麼東西，而更能和孩子溝通與成長。

透過彼此的同心協力、了解、包容，孩子不但會有很多很好的作品出現，情緒也會緩和，而孩子或家長與教師在創作的過程中若能以「玩遊戲」的心態創作，則更能自發統合自己的情緒，這會是一種很愉快的經驗，不只孩子們需要這種樂趣，成人更可以嘗試創作，從中得到快樂，就能和孩子的心靈需要與喜好融合在一起了。

在我所教的成人藝術成長研習班裏，大部分學員都很喜歡藝術。上了課之後，更能活潑、自由、愉快地學

畫畫和欣賞。而我就越來越堅定了我的信念：無論你年紀多小或多大，只要你有心和力量，你就可以創作，並且從中得到你所料想不到的樂趣。

希望父母和美術老師們能夠保持一定的連絡，因為美術會影響孩子將來的人格氣質，你們是將他們推向多采多姿未來的人。現在，你們可以使他們的童年充滿了無比的喜樂，在藝術天地裏探索，使他們活得更充實。

也許有一天當孩子們長大了，他們會告訴他們的朋友或孩子：

「曾經有那麼一段日子，我父母和我一起在愛與藝術的夢幻花園裡探險與成長，曾經……」

而你我會在充滿陽光的季節注視著他們、他們的朋友及孩子。

親子藝術───零歲起跑

　　很多家長有這樣的問題：要培養孩子的藝術才華，該從幾歲培養起？要具備什麼條件與規定才可以培養出很有藝術氣質和有創意的人？

　　其實，每一個人或多或少都有藝術才華，也會希望完成藝術作品（例如：畫畫、雕刻等）與欣賞作品。藝術不是只有少數藝術家、藝評家的專利，而是你我心靈深處所需求的；是人類生存下去的原動力之一。尤其在今天這個社會，一切都在急速變化中，必須要有正確的信仰、文學、藝術與音樂來平衡與紓解人的壓力，否則會為壓力所困。而這些素質都必須要從小就開始培養。

　　父母往往是兒童第一個也是最重要的美術指導者，因為大部分的嬰兒一出生就接觸父母，與父母同住，擁有肯用心與培育子女的父母，是上帝特別的賜福。

　　親子藝術關係在不同時期都有不同的風貌，甚至從嬰兒時期就開始了。

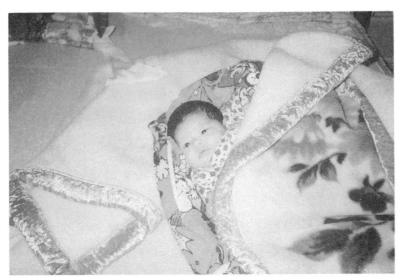

給小朋友不同質感的棉被，是培養小朋友美感的一部分。

　　嬰兒的視覺神經和其他感官神經都還沒有發育成熟，但他們仍然是有感受的。只是，他們言語方面還沒發展到可以把感覺全然表達出來，只能以哭、笑、安靜來表達自己的感覺和舒適與否，那如何培養他們藝術的細胞呢？

　　嬰兒們大都被放置在床上、搖籃裏或家人把他們用布小心的包著抱在懷裏，他們怎麼可能接觸到美呢？我的建議是，在每隔一陣子就替小嬰兒換不同材質、不同

樣式、不同色彩的毛毯和枕頭，而不是一年到頭都是兩套相同樣式的毛毯與枕頭交換著使用。因為，讓他們接觸到不同樣式、顏色、材質的毛毯與枕頭，在無形中會刺激到他們視覺、觸覺及其他的感覺。而這可能就是他們最早對美的感覺了。因為兒童的觸覺發展比視覺發展早，而且可能較敏銳。所以刺激他們的觸覺，對他們整個人的發展是非常重要的。

當我們在替他們換毛毯或枕頭時，可以向孩子簡單地說明一下新的毛毯和枕頭是什麼材質、花樣、顏色，也要問他們喜歡不喜歡呢？他們可能只是以笑或哭來回答你，不過你還是要問，這是培養尊重小孩的習慣，從孩子在嬰兒時代就要開始了。

親子藝術的關係也是從小就開始培養了。

但是也不要太常換毛毯、枕頭或他床上、搖籃裏的東西，這樣反而會使孩子沒有安全感與歸屬感。當你決定要換新毛毯及枕頭的時候，要在換之前的一、兩天，讓孩子看到或玩一下新的毛毯與枕頭。也可以讓孩子同時擁有新舊兩套毛毯，使他在心理上有準備，也比較兩種毛毯的不同，使他對不同色彩與質感有最初的接觸與辨認。

當孩子長大一點，我們可以把他們用過的毛毯與枕頭略為處理後，做成布娃娃或拼布袋子，然後對孩子說：

「這曾經是你的小被子哦！」

這又是一種可以促進我們親子關係更加融洽的方式了。

以此類推，可以培養孩子從小就有美感的東西及方法可能還真不少呢！只要父母用一點心思，就會使孩子從零歲開始就接觸到美了。

有美感的父母才有美感的小孩

　　一個人的人格發展除了個人生理因素之外，最大的影響來自他的成長背景及環境。這成長背景與環境往往是父母特意或無意間營造出來的。父母直接影響子女的價值觀、家庭觀念與審美觀，無論他們的言語、體態動作或眼神都多少成為子女言行的模範，也是他們學習的目標。

　　「我長大要和我爸爸一樣強壯！」是我們常聽小男孩說的一句話，「我要和媽媽一樣美麗大方。」我們也常聽到女娃兒在小時候許下如此的願望。

　　孩子會對他所仰慕的對象產生認同感，進而會去模仿他們，在模仿的同時，也建立了孩子的價值觀及行為模式。

　　父母和老師的期待心理對孩子有著很大的影響。孩子在生命最初那年內，就像一張白紙，完全由父母老師揮灑父母老師所喜歡的色彩及構圖，這在他潛意識裏佔

著很重要的部分，父母的期待和行為模式都可能在孩子身上重新再出現一次。「有其父必有其子」或許不一定全然是這種情形，但大部分的孩子在小時候都視他們的父母為英雄人物，父母的行為、思想、職業、以及對美的喜好，會讓孩子產生敬仰、認同、好奇、模仿、征服、挑戰的心理。而且會不由自主的去做父母曾經作過的事。如果把這歸咎給宿命，不如歸至於親子關係。這也是為什麼子女長大之後，往往選擇和父母的職業相同或有關聯的職業去工作。

　　所以當父母要培養孩子們有欣賞創作能力與習慣時，自己不一定是藝術家、藝術史家或藝評家，但是，父母要有寬廣的心去接觸任何形式的美，如大自然的美、繪畫之美、雕刻之美、服飾之美、戲劇之美……等等。尊重藝術家和他們的作品，如果經濟許可，就收藏幾幅畫家的真正作品，在家欣賞。平常也多收集報章上有關「美」的文章，做成剪報，甚至在心血來潮時，也創作一幅畫、一首小詩、一篇散文、彈奏一首曲子、插一盆美麗的花、煮一些你認為有創意的食物。

　　除了這些不用太多花費的藝術活動之外，偶爾也帶孩子去戲院、音樂廳及美術館等需要花一點費用的藝術

場所欣賞適合孩子的戲劇、音樂及藝術作品，而不是買一套套博物館或歌劇全集的錄影帶及影碟，一直放給孩子看，就覺得很棒也很方便。觀賞全套的錄影帶與影碟是很不錯的教學方式，因為他們會把作品的背景、創作理念及博物館或音樂廳的歷史背景加以整理之後，清楚明白地呈現在我們眼前；但是卻缺少臨場感及觀賞自主權，因為它是由攝影師的眼光透過攝影機、剪接、電視螢光幕，再傳到我們的眼前。所以，基本上，不如在戲院、音樂廳與博物館來得真實。

而且，花一點費用去參觀美術作品、戲劇、音樂表演，在無形中是一種尊敬及支持藝術工作和藝術工作者的行為。在孩子往後的生活中，也會尊重與支持藝術工作者，就不會以無所謂的心態漠視藝術及智慧財產權。建立在尊重與美感上的關係，會使我們在日常生活中更有表達愛的機會。

我們和孩子有了共同藝術經驗，我們會自然而然談論有關藝術方面的事。當創作或欣賞、談論藝術成為我們日常生活的一部分，我們的習慣話題，乃至思考方式都與藝術有關，雖然生活中依然有些困難要克服，但藝術帶給我們的生活樂趣與品質，有時是出乎我們所能想

像的喜樂。

　　孩子們看我們欣賞與創作時那麼喜樂，自然不會視創作為苦事了。相反的，如果父母不懂得尊重藝術、欣賞藝術作品，不參與任何藝術活動，那他的孩子恐怕也很難有機會接觸藝術，也沒有太多機會享受那應該屬於他們的藝術童年了。

　　人活在這世界上，本來就不容易了，我們為生存下去需要靠物質和金錢，然而如果只是追求著物質與金錢，日子久了身心就不平衡。孩子也是這樣，努力讀好學校的課業是一個孩子當學生應該盡的本分，但是如果孩子只在乎追求課業上的成績，而忽略了其他在他們生命中美好的事物，那對孩子是一種很大的損失。

　　有些孩子的父母可能在事業上是很努力，或者也對孩子期望是高了一點，這些都可以是正面的，且對父母和孩子本身都是有益處的。但在這裏，只是要提醒大家不要忽略在你身邊任何一件美好的事物，因為那將是你我及孩子們可能擁有的最美經歷與回憶。

　　若是身為父母的你要培養孩子有藝術才能，就請你先要感受藝術之美！無論你多忙、多累、或年紀多大，至少你可以找到在你生活周圍的美好事物，試著感受它

們，然後與你的朋友、家人及孩子分享，那對父母本身是一種自我成長。生活環境不一定有所改變，但精神層面與品質會越來越提昇。當孩子逐漸成長，你和孩子之間仍有共鳴與共同分享美感的習慣，你就知道你和他們一起在充滿美感的天地裡遨翔是多麼美好的感覺！雖然多花一點時間與心力，對你、對孩子卻都是相當可貴的一種經歷。

兒童的畫反映他們的成長

　　雖然孩子們的資質與興趣不一定都是傾向於視覺藝
術類型的，有的是較傾向聽覺音樂型、語言、科學或運
動類型，可是我們發現當孩子大約到了一歲時，只要他
們手可以握住筆就會開始塗鴉了。

　　塗鴉是什麼？愛怎麼畫就怎麼畫，不用考慮技巧，
更不是想取悅別人的畫法。為什麼小朋友喜歡塗鴉（就
是成人也一樣）？可能他言語能力還不是發展到能和別
人溝通，他們想引起別人的注意及讓人了解他們的感
受，於是就用筆和紙畫畫了。除了心理需求的因素外，
塗鴉畫畫無形中訓練了他們手指和手臂靈活控制物體的
能力及與大腦和手之間的協調能力，手的觸覺會更靈
敏。

　　所以，當孩子開始塗鴉時，我們應該給予他們自
由、尊重與適時鼓勵，他們可能會比較有自信和有被人
接受的感覺。

　　但是不要過分的讚美，或以為自己的孩子會畫畫就是美術天才。這樣只會抹殺了孩子自由畫畫的意識，並太早有自我膨脹的心理。父母親應該以溫和、平靜的態度面對孩子在每一個階段的成長，包括生理、心理、智力及藝術方面的成長。當然對父母而言，每當看孩子進入另外一個階段學習時，會有驚喜，並想去告訴全世界的人孩子是怎樣在進步。這也是愛孩子的表現，然而以平常心鼓勵他，使孩子不在虛榮心理下成長，對孩子來說是比較健康一點的作法。

　　有一個朋友告訴我，他喜歡作第二名，因為第一名可能不會再進步了，而第二名則會在好強心理下求進步。雖然，我不太同意這種想法，但是我希望做父母的要了解，自己孩子的進步在每一階段都是你和孩子感情、心靈的美好記憶，不要太在乎孩子是否進步快速，只要溫和鼓勵他們去完成他們該做、想做的事就好了。

　　我始終有一個想法是，名次與讚美都是別人給我們的一種肯定，對我們和孩子都是很好的。但是正常的身心發展更重要，讓孩子成為獨一無二的個體，發展出他們的特質與特長是最好的教育理念之一。有些父母希望他們能夠跳級升學，縮短在學校的時間；我不能判斷這

2～2½歲的小朋友在線條上已經有一點條理了。

個觀念的對與錯，但是，很多小時候被譽為天才兒童的
孩子們，長大還是和一般人一樣工作、結婚、生子，只
不過他們比一般孩子早一點面對成人世界及壓力，在以
後的歲月裏，他們並不如預期中的在事業上一帆風順。
我想如果我有孩子的話，可能會希望看著他一步一步創
造出他的天地，我將會陪在他身邊，如此而已。

　　但是，現實生活中，我不知道我有了孩子以後會不
會依照現在的想法去實行，因為我們活在一個競爭激烈

的世代裏，什麼都要比別的孩子強，才會使我們對孩子
的前途放心一點。這不是父母的錯，只是環境使然。父
母和老師千萬不要因為自己的理想實行起來有些困難而
灰心失望，因為只有當了父母才知道如何當父母。我們
要孩子爭取第一，其實是為了讓自己心裏面多一份安全
感，更是為孩子好。如果我們知道孩子在藝術方面可能
有的發展情形，或許就有心理準備，更能預先知道如何
去幫助孩子的藝術與心理發展。因為孩子的畫或雕塑正
是孩子無聲表達內心世界的具體成品。要了解孩子的心
靈世界，除了語言的溝通，進入孩子的藝術世界更是一
種好方式。

　　現在我們就來看一下兒童在不同年齡時期中的繪畫
表現。這是以一般兒童成長為根據，但不是每一個兒童
都這樣發展，不一定每個兒童都對藝術（視覺）有很濃
厚的興趣。

　　以下的資料只是供家長在兒童成長和美術上的一點
參考。如果，我們發現孩子在成長或美術上的發展有些
遲緩，最好找專家協助，越早發現與協助及治療可能對
孩子是最好的。

　　一歲開始，小朋友開始學握東西，也握筆了，在紙

2～3 歲的小朋友已能分得出物體大小與大概的輪廓。

上畫橫、縱交錯的線條，也許是要引起父母的注意與發揮腦神經和肌肉過剩的精力，畫的次數越多，越能控制手，線條越清楚，雖然幼兒的線條畫是交錯成的點、線畫而已，但是細心的老師與家長會由小朋友畫的速度、

方向與用力多少，看出小孩的個性與體能。

二歲至二歲半，雖然，這個時期小朋友仍以縱橫線交錯地畫著他們自己的創作，但已經會告訴我們這是什麼，那是什麼。雖然根本不具體，也不像他們所要畫的東西，卻使他自得其樂，也享受命名（為他們所創作的東西命名）的樂趣。父母與老師這時要很有耐心和仔細地把小朋友說明他們畫的內容記在小朋友的作品空白之處，讓小朋友知道我們尊重他們的想法與作品。父母千萬不要罵他們畫得不像，或要他們一定要畫得很像物體本身的形狀來才拍手鼓掌，這會使他們害怕擔心，而無法在以後的日子裏開放自己去創作。父母能鼓勵他們畫，他們長大後會較具自信心。

二歲半至四歲，行動上自如，肢體協調更穩健了。能畫出物體的粗略形狀。小朋友到四歲時，喜歡畫人，尤其是畫他們自己最多，可能是因為他們開始試著了解自我吧！二至三歲小朋友也喜歡玩揉泥巴、黏土、麵粉團、排泄物、口中吐出來黏糊狀的東西。大概因為這種手觸黏糊狀東西讓小朋友有回到母親體內的感覺。

四至七歲，小朋友到了這個時候，對事物的觀察與了解已經具備了。而且已有一般成人所有的情緒反應，

$2\frac{1}{2}$ ～4 歲的小朋友已經可以畫出粗略的輪廓。

在這時期，小朋友畫他們所知、所記憶、所想像的，而不是所看見的物體，也很容易臨摹其他人的畫。這時期的圖畫形式很多又很個人，例如：

一、透明式：把一切物體都如商品陳列，像連無法

看到的菜籃裏的菜和水果都畫出來。這可能因為小朋友
看物體都是獨立的。小朋友對物體與物體的空間和關係
還未完全了解，並且未掌握得很好。

　　二、展開式：我們常常看到這時期的小朋友畫一排
人或東西，從中間向上下左右展開。這大概因為他們希
望自我可以開展到四周吧！

　　三、基底線：以一條類似地平線的線把天地分開
了。可能小朋友在成長過程中，學習到地是安全的，畫
一條線在圖畫紙上是令他們覺得有安全感的事。

　　四、強調式：小朋友把他們認為最重要的部分畫得
特別大，色彩特別搶眼或特別的豐富。

　　五、擬人化：以自我眼光把一切畫中的動物、植物
及工具都畫成大人的形體和思想。這是小朋友的一種情
感轉移。

　　六、裝飾式：畫時加上美麗的衣服與裝飾，以達到
小朋友裝飾心理的滿足。

　　七、改變形體式：身體是正面，鼻、手或腳卻是側
面的，小朋友的觀點是移動的，所以他們畫的是他們移
動看到的形體。

　　八、復仇式：小朋友有時被大人或朋友欺負，他們

集體創作：4～7歲的小朋友畫出他們所想、所記憶的，而不
是所看到的物體。

無力反擊，或受了委屈，就在圖畫中發洩他們的憤怒，
以期達到發洩憤怒的心理。這時父母不該阻止他們繼續
畫，而是應該找出畫這種畫的原因，設法解決小朋友的
內心傷害與憤怒。

　　七至九歲，小朋友到了這年齡，應該對物體形狀都
有一定的認知與概念了。他們會決定畫面是要加上一朵
花或一個人，而這朵花或這個人型可能在他們其他畫裏
也出現過。

　　九至十二歲，這時期的小朋友已經認知到自己不再是單獨一個人，而是社會的一分子。他們喜歡和同儕在一起，團隊生活使他們較快樂。社會性提高也影響到他們和父母及他們在美術創作的理念與學習意願。他們這時期的畫是臨摹自然與物體。因為他們對真實世界更加的敏銳觀察，並有更多的好奇。做父母與老師的應該順著孩子在這時期的心理，多請孩子的朋友來家裏一起畫畫、作功課，鼓勵及引導孩子去觀察自然及畫下所觀察的動物、植物、人物及其他物體。也可以讓幾個孩子共同畫一幅大壁畫或一幅大剪貼畫，這些方式都可以用得上。

　　由於這是一本親子藝術的書，所以，談到十二歲的兒童在繪畫的發展就盡到責任了，但青少年是父母最擔心的年齡，所以我們也談一下青少年的藝術成長。

　　十二至十四歲，孩子在這段時期，身體上的發育使他們已有成人的形式，心理對這身體上的發育會有不適應與恐慌的感受，這也是青少年情緒不能穩定的原因之一。他們因為身體上的改變會很在意自己的外表，加上國內的升學壓力，使得他們更加不適應周遭的環境。很少父母及老師知道藝術可以使青少年紓解壓力。在這個

7～9 歲的小朋友對物體都有相當程度的認知了。

時期，藝術是幫助孩子個性發展的一帖良方，同時也提供孩子一種被社會所許可的抒發憤怒與不安情緒的管道，至少拿畫筆畫畫比拿刀殺傷人要好得多了。

　但是很多父母有疑慮，讓小孩在國中繼續創作藝術

會不會影響功課呢？這需要從小就訓練孩子的時間觀念；在做完該做的功課以後，就可以去作藝術方面的創作，這樣既不會影響孩子的功課，也可以讓孩子保有創作的天地。

　　孩子在青少年這段時期的變化最巨大，也最易和父母有對立衝突與代溝出現。而在這時期以前，和孩子的關係如果很好，也許比較可以緩和孩子的情緒變化。對父母而言，孩子功課那麼重又那麼多，面對升學壓力是無可避免的，真是很難讓孩子繼續兼顧藝術及音樂了。這是很現實的問題，而且如果硬逼著孩子再去學藝術與音樂，可能形成孩子更大的壓力，也對親子關係有負面的影響。不過青少年時期的孩子如果沒有創作與欣賞藝術或音樂的空間和時間，恐怕心靈上會很空虛，而跑去尋求其他的刺激，家長很難掌控得住。為什麼青少年的問題一直困擾著父母與老師呢？原因之一就是在孩子成長的時候，既要摸索自我的道路，又要面對升學的壓力，心中會更慌亂，又沒有一條正常的管道發洩他們的情緒與引導他們欣賞自己、肯定自己所做的。在這種情形下，孩子可能去尋求另外的刺激。

　　其實從小陪孩子在藝術上成長的父母們，也可能碰

9～12 歲的小朋友在畫面上有更豐富的社會觀念與整體感。

到青少年孩子鬧情緒又難以溝通的時候，但是從畫作中
與欣賞的角度，他們就可以知道他們自己和孩子的情緒
變化及可能面對的是怎樣的情形，這幫助了他們和孩子
溝通時更有愛心與包容。

　　希望父母與老師可以幫助我們的青少年孩子規劃一
小段時間創作與欣賞藝術與音樂。

　　當一個人創作一些藝術作品，而且是自動自發時，
他至少有一種新的觀念和要面對、昇華在他生命中困難

的勇氣，而成為他生命中的助力。

　　我希望父母與老師們可以在陪孩子畫畫時，自己也動手在另外一張紙上畫畫，這會使孩子們和你之間更認同、更親近。因為你們都是愛創作的人，也可以讓孩子欣賞到我們這一年齡所創作的作品。但是很多父母會不由自主地替孩子作他們的作品，或許因為他們自己小時候可能沒機會發揮這方面的才華。其實有經驗和了解兒童藝術發展的老師是絕對可以看得出來作品是否出自孩子之手或者是由成人代勞完成。這些父母應該自己也創作，而不是只有代孩子作美術作品得到樂趣而已。我很鼓勵父母也跟老師學畫，更進一步去探索藝術。對每一階段的人，藝術都有著不同的意義，人在每一階段的藝術表現都有不同之美，也有不同的樂趣。所以，每一個作品對創作的人來說應該是一種記錄、一種心理，非言語或文字的真實記錄。我在想，如果一個父親或母親能把他自己和孩子每一階段的代表作品都留下來，等到有一天可以打開裝那些作品的盒子，哇！我們將會發現原來我們心靈隨著歲月的增長有什麼變化，那是十分有趣的一件事。

創意的思考與環境

　　我要提出一個問題：我們如何思想？或者，我們用什麼方式去思考事情呢？

　　我們無論清醒或睡眠都是有思想的，只是有無意識之分而已，即使是我們腦裏閃過千分之一秒的影像也是我們思想中的一部分。

　　我們人類的腦部神經組織很複雜。而意識只是腦中的一小部分。我們日常生活習慣與經驗的資訊都儲存在腦中某一部分裏。當我們遇到事情時，很可能突然有以前的經驗告訴我們怎麼作比較好，思考模式也是由我們的經歷、閱讀與學習，一直交換重複累積形成的。而這思考模式影響著我們人類日常生活及藝術創作的行為，所以思考對於藝術創作是非常重要的；一般人可能以為思考對藝術工作者不太重要，其實思考對每一個人都是很重要的。當一個人無法正確思考或分辨現實與幻想之間的差距時，即使他有很好的技術，他還是無法完成一

件作品，或修改他的作品到完美的境界。也不知道作到什麼時候該停，什麼時候再開始工作。

　　創意思考對藝術工作者更是重要，因為藝術工作者和工匠之間的差距就在藝術工作者有創意思考。藝術工匠的技巧可能和藝術工作者不相上下，甚至有些藝術工匠的技巧功力遠超過藝術工作者，但是他們從開始學藝術的時候就被教導、訓練較多美術技巧上面的方法，較沒有藝術理論與激發創意的訓練。

　　創意思考不只是腦筋動得快又機敏而已，現在讓我們來看幾種日常思考模式吧！

　　我有一個朋友的小孩，每次我去她家裏，她會先看看我，然後叫我：「美阿姨！美阿姨！」主動讓我抱她，這時我通常會給她巧克力糖果。我不知道她對「美阿姨」的定義是什麼，是我這個人？是我的擁抱？或者是我的巧克力呢？她可能想，只要叫對了「美阿姨」就有擁抱與巧克力糖果可以吃。

　　這是很基本的思考模式。還有一種，我在偶然機會裏收聽一個節目，一位廣播主持人說，有些人說話太直接了常常得罪人，是因為他們前世是原始人，而投胎到現代時期，所以，語言上就不太通了。我個人是不太贊

成這種論調，不是因為宗教上的關係，而是這種論調會使人專注在看「前世今生」，而不會從心理、生理、環境與家庭背景不同層面的因素找出可以解決問題的方案。如果只是把自身不好的個性及不好的遭遇都怪在「前世」或「命運」上，那只是浪費時間而已。也只是一種消極與逃避的想法而已。我想這是種使人較快樂的思考模式，因為無論做什麼事有什麼後果，不怪自己的評估錯誤、個性上缺失、或準備不周全，全推在「命運」、「前世今生」、「靈異」上就好了。

　　我個人是尊重佛教和其他正統宗教，也不否認這世上真的有很多身不由己的事發生。但如果我們一味地找藉口而逃避我們的責任與應該作的事，恐怕真的要回到原始世界過原始人的生活了。

　　人之所以會是現代人，有這樣進步的科技、文明、藝術，就是因為我們人有創意而且敢創新。

　　什麼是創意？什麼是創造力呢？

　　一般書籍上的定義：「創造力——製造新事物的能力。」

　　心理學家佛洛依德說：「創造力的泉源是將能力昇華至合適與有效果的途徑。」

　　創意思考則是一種製造新事物的思考模式，其中也許有推翻及批判舊事物的態度與思想言行出現。可是越有傳統古老思想基礎學習出身的人，創作出來的作品可能越好。因為經過一些傳統文化洗禮的人，在文化與見識基礎上所能發揮的空間是很大的。

　　以我自己來說，我最喜歡的作品可能是我最新的作品，雖然它們可能不是我的代表作品，但是我卻覺得，每一次有新作品出來，等於是我對生命的一次重新體驗。當然以前的作品對我來說是珍貴的，因為我不可能重畫或重作一模一樣的畫出來。我每一次畫畫都會先看以前的作品一下子，然後，就把舊作移開和把以前的畫冊拿走，再開始畫。這樣的作法是比較學院派的作法，但也是一種對自己經驗的一再學習與更新。我想創新不一定很困難，然而要常常創作新的作品，除非對自己所有的一切常整理並珍視，然後以新的看法看它，才可以有新的創作產生。傳統的東西是可以幫助我們學習前人的觀點及它對於我們現在的影響，我們才可以創造屬於我們自己世代的作品。從事藝術工作的人其實和科學工作者一樣，需要很多的傳統理論及很新的資訊，然後關起門來，一次一次的練習和實驗。終於有了一件件的新

給小朋友一個能創作和做研究的地方是激發他創意的元素之
一。

科技產品，使人類的生活更方便，或一幅幅畫作誕生，
使人類的視覺和精神昇華到真善美的境界。也許自己欣
賞，更能讓一家人都欣賞。藝術本身不難，只是要培養
自己和孩子不斷吸取傳統或最新的知識，然後整理和學

習，就是最好、最創新的基礎了。我們的孩子不一定個個是天才，但是創作是可以培養的，而且創作是為了讓自己生活更有趣。如果還可以讓人欣賞，那就更好了。

　　一般人以為莫札特是音樂天才、音樂神童。他的確是天才，但是很少人知道他曾說過，他學習其他音樂家的音樂與音樂理論多過大家所能想像，因為他那身為音樂家的父親在發現小莫札特有音樂天分時，就全心培植他往這方面發展。其實我們的孩子或許也多才多藝，只不過我們沒有給他們適合發揮的空間與材料，也沒有深厚的美術教育基礎，一切都要求他們快做出一點成績來，只要做出像物體的形體來，就不管他們是照別人的範本抄過來的與否。

　　要引導孩子有創造的欲望或創意之前，應該塑造一個讓孩子能夠在其中自得其樂的創作環境。

　　先從父母自己做起：

　　1. 欣賞與重視別人的創作。父母自己在日常生活中可以從報章雜誌收集到美的資訊，去畫廊、博物館看美術，甚至可以收藏畫、雕刻與攝影作品。而且滿心歡喜地說著欣賞作品的話，那麼孩子從這樣父母身上所得到的影響是尊重創作人與創作品──包括別人與自己的。

2. 自己也創作——不是藝術家的父母可能會覺得創作是很難的一件事，其實，只要試試看，或許創作是件享受的事。你或者寫詩、畫畫、插花、彈琴、拿水果或蔬菜來雕一些花樣，不僅孩子會高興的仰望著你及你的作品，對你自己也是很好的創作機會。有個常常創造新事物的父母，孩子會常常接觸到新事物，自然而然孩子的創意與創造慾望就從小開啟了。

父母應該提供給小朋友什麼樣的資料與環境？

1. 讓孩子有一塊自己管理及創造的地盤——這可以是一個閣樓、一個房間或只是張桌子。能讓孩子在那裏創作，不用躲躲藏藏、擔心弄髒什麼會被罵被打。我們要問自己是否給了孩子這樣一個完全屬於他管理和創造作品的空間？如果沒有，請試著給他這樣一個空間吧！

2. 提供所需的用具。小朋友是否勤於創作，一部分在於父母是否提供足夠的用具給他，並教導他如何使用用具，如果孩子太小，不會用像剪刀之類的工具，就教他請父母或其他成人幫忙他們完成自己的作品。孩子需要什麼用具可以自由向父母請求，父母視他所成長的成熟度與他的美術老師商量一下，然後做決定，可能更恰當呢！但最基本的素描簿、蠟筆、彩色筆、鉛筆……最

好都要有才可以（以要栽培藝術才華的父母為主）。就像學琴的孩子最好有琴在家裏可以練習彈。

　　3. 展示孩子的作品……這點在美術館導覽那章會講得仔細一點，所以在這裏先不作詳解。

　　4. 當孩子在創作及學習上碰到困難或想突破時，父母必須耐心地傾聽孩子的困擾與難處！可以尋求個別輔導，也要孩子知道努力認真的去接受訓練以及勤勞的練習，才會有成功的結果。

　　5. 給予孩子在創作時有空間與心理上的安全感。不管孩子是否殘障，也不管在多大或多小的創作空間中，都必須是無障礙環境，令孩子和我們都感到很安全、有規劃的，不然，孩子和我們會擔心如果不小心會有生命危險，影響了創作心情，就不能放開心靈去創作我們所要表達的。

　　還有，要尊重孩子，不論他們畫寫實或抽象的、表達技巧成不成熟、想法是否積極、合不合邏輯、是夢幻或真實的，都應該予以肯定與鼓勵。讓他們知道他們作任何作品，我們都會尊重、喜歡、支持他們。讓他們精神上有安全感，不是一直催促著他們完成作品，而且專挑作品的毛病。

　　你我的用心與否，有沒有足夠的耐心、愛心、尊重與支持，孩子都可以感覺得到，也知道怎麼回應我們對他們的態度及用心。

　　好的創作環境與支持他們創作的父母，對孩子來說是他們能否敢創新及大步向前的很大因素。如果能在一個工具充足、光線良好、又很安全的環境下創作，加上父母和家人朋友鼓勵接納、尊重支持的態度，以及孩子本身的興趣、天分與努力，相信很多家長會驚訝地看到孩子自信的一次一次實驗結果，當然不見得每一次都是成功的作品，但只要勇於表現、勇於實驗就是值得鼓勵和肯定的。

　　孩子會在實驗與創作中，找尋到自己的路。而我們這些作父母及老師的人只是一直教導、支持、肯定、包容他們及他們所思想、所創作出來的作品。

童話及童畫

　　上一章曾提到越有傳統文化基礎，所創作出來的作品可能越好。所以越早讓孩子接觸好品質的童話書，就是越早開啟他們的創造之門，及豐富他們的視野與心靈。很少小朋友會拒絕畫畫，更少小朋友會拒絕看童話故事書（除了眼睛有殘缺的小朋友以外）。

　　童話故事書是以兒童為主要讀者與聽者，並且適合他們閱讀及了解的書，必須是合乎兒童口味及興趣的。還有很多類型的書，父母可以選擇適合自己孩子年齡、程度與興趣的童話故事書給孩子閱讀，最好跟孩子一起閱讀或問孩子一些問題，和孩子分享一些你看童話之後的感想。即使孩子還不認識字，也能從插畫中得到視覺的快樂，認知很多在現實生活中還沒有碰到的人、事、物及他們之間的空間、時間與情感關係，滿足了他們對世界及自己環境的好奇心。更由於父母與老師生動的敘述，孩子們在聽覺與言語上會有一定的成長。

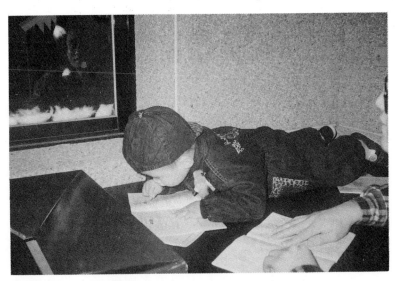

愛看書的小朋友能開拓心胸去接納很多事物。

童話故事書對任何階段兒童的身心都是很重要的，以下詳細說明之：

1. 好奇心——因為孩子在生理上大多都有所限制，一般要到十二歲以上，家長才比較放心讓他們自由到外面行動，但是因為治安的問題，一般孩子在家和學校的時間佔大部分，而他們對外面的好奇心會很強烈。童話可能提供他們一種外面世界的縮影，雖然仍然是以孩子的眼光看的，卻為孩子開啟了另外很多扇通向世界的窗

口，滿足了孩子對世界與未知事物的好奇心與連繫管道的暢通。

2. 安全感——孩子在母親肚子裏是整個封閉的環境，所接收到的只有母親的聲音、心跳及身體活動的聲音而已。出生之後，整個環境突然改變，使嬰兒會有不安及驚慌的感覺。這種情形我們在動物或成人身上也可以看得到。

我家的貓在睡覺時常選三面都有屏障的地方躲起來睡，連我們成人睡覺時也是有靠牆角的傾向。而安全感是維持情緒平穩的重要因素之一。安全感分成兩大部分——物質上與心靈上的安全需求。

物質的安全感除了像母親肚子裏的暖和、密封、居家環境外，還有大環境的安全感。父母在經濟上給予的是否安全和穩定，都是孩子安全需求是否得到滿足很重要的要素。

心靈上的安全感是正義得到伸張與勝利，服務人群被人接受、讚美與肯定，善良的人被推崇與愛戴，而小朋友由童話故事書裏看到這些特質，他們心裏自然就充滿了安全感。

3. 榮譽感——小朋友都喜歡被稱讚和被人喜歡，在

它不喜歡小動物在它身上做窩，

每每有不知情的小鳥來築巢時，

它就隨風搖晃，

讓小鳥覺得不安全而趕快飛走。

每當有松鼠來樹洞休息時，

它就發出怒吼的叫聲，

吵得松鼠沒法睡覺而搬家。

也可以用剪貼照片的方式完成童話。

心理上如果被適當給予肯定與支持，會使小朋友成為有自尊心與自信的人。他們喜歡比他們強壯和有權力的人，他們會把這些人視為學習榜樣，也影響他們以後的人格與價值觀。而這些在童話故事中出現的主角往往就是小朋友心目中的英雄或是榜樣，童話故事提供了一些可讓小朋友學習與欣賞的英雄人物典型。

　　4. 想像力──當小朋友到達了三至四歲時，他們有時候會把小貓或小狗裝上紙翅膀，然後叫牠們飛天狗或

飛天貓。這是小朋友把看到和聽到的資料加以組合，以另外一種方式呈現，而且是他們自己在創作另一個想像的世界，在成人眼中可能是奇怪又不合邏輯，但這卻是想像力與創意的最佳表現之一。

一般父母很難了解三至四歲的小朋友為何會常常混淆物體，指鹿為馬是常有的事，因為鹿有四隻腳，馬也有四隻腳；鹿有長臉，馬也有長臉啊，本來就使小朋友很難去分辨了。這時父母不該心急或打罵小朋友，父母應該有耐心地用童話故事的圖片、插畫去引導他們分辨物體之間的不同之處，而且准許、包容與鼓勵他們以他們自己的想像與可行的方式創造出他們想像中的一些事物。父母的態度會影響小朋友的想像力與創造的原動力。而好的童話故事書則可以激發小朋友的想像力及創作空間，所以小朋友應該多讀好品質的童話故事書。

5. 對美的需求——這種需求的天性在物質豐富與平穩時，會更明顯。小時候如果缺乏對美的追尋與訓練，長大後可能很不尊重文化與人們。因為藝術是文化的精華，懂得欣賞文化與藝術才懂得去尊重人與自然。美對全人類是非常重要的。因為美的事物對人有滿足、昇華及開闊心靈視野的作用，培養小朋友從不同的角度及方

式去欣賞與表現美是很重要的。那將使小朋友對美有更多詮釋，也會出現在他們自己的創作中。對美的觀念應該多元化，因此，我並不贊成全給小朋友有美女俊男型的童話故事書，那將使他們只看重外表的美貌，而忽略到生活上有很多美好的東西和本質，等著他們去發現與創造。

好的童話故書會引導小朋友對美的追尋更加積極與熱心，因為童話故事書本身就結合了文學與藝術的美，甚至是音律及表演之美。除了讓小朋友去打發無聊的時間外，更讓他們欣賞了美的事物、了解美的本質，更刺激了他們的視覺神經、創作意念與行動。

童話故事書對小朋友本來就是非常重要的，甚至是一生審美觀和價值觀的基礎。所以選擇童書時，父母應該嘗試多文化，插畫要有一定的品質，內容方面要有創意，要讓小朋友驚奇和感興趣。最重要的是父母也要看那些書，你才能以孩子的眼光去看世界和他們溝通理念，更使孩子學習你的讀書榜樣，孩子不會自己主動去看擺在書架上的書，除非父母有閱讀的習慣。陪孩子一起讀童話故事書，更是增進親子關係的一種行動。

以下幾章內，我會談對幾本童書的看法，希望在童

鼓勵小朋友用他們的言語寫和畫他們的童話書。

話故事書、美學教育與孩子之間的互動裏，會有更深的思考與探討。一個人是否懂得欣賞美是取決於聽什麼、接觸什麼、看什麼、怎麼去行動和用心與否。我們讓小朋友越早接觸好的童話故事書，就越能使他們在美術創作及其他方面有更傑出的表現。

　　但是請父母千萬不要填鴨式的一直把童話故事書給小朋友讀，而不管他們的年齡、成熟度及能吸收多少。給小朋友知識、美感與我們認為很好的東西是很好的一

件事，然而要恰到好處，適可而止。父母要關心小朋友
在興趣、休息與學業是否平衡發展，也了解到小朋友的
需要及吸收能力。畢竟，每一個孩子都不同。父母在選
童書時，請先看看孩子對那本書的感覺，才考慮購買與
否。或許，他們年紀小，看不懂，那就等他長大一點再
選吧！父母當然可以買很多童書給孩子，但是看不看、
吸不吸收得了不是在父母，而是在孩子本身。

　　父母及老師應該先看童書的內容是否適合孩子看才
選購，如果童書一套一套的買，對父母來說，很省時
間，因為走一趟書局就可以讓小朋友看一整個寒假或暑
假的書，甚至有些宣傳說可以讓小朋友從小看到大。但
是這可能是一廂情願的看法，因為小朋友大多喜歡新的
東西，除非成人先讀一、兩本給他們聽，否則，小朋友
可能對書櫃裏那一套套的童書興致缺缺，連碰都不想碰
一下。

　　如何使童書有趣呢？父母及老師平時就要看童書
了，雖然可能會覺得有些幼稚、不合現實，但是你我如
果仔細看童書裏面的哲理及情緒起伏的層次，戲劇性質
和成人書籍可能一樣多，而且詞句簡單，令我們很輕鬆
的讀完它，只是我們有沒有用心和時間去了解孩子們所

閱讀的內容，並了解到他們心靈世界可能是那麼多采多姿呢？而且用我們的聲音讀給孩子聽，那將是我們的享受。

我們讓孩子接觸很多童話故事書之後，可以讓孩子和我們一起來創作出屬於我們自己及家庭的童話故事書。這對孩子將來在組織能力、寫作編輯及美工方面都有很大的幫助。

我們可以和孩子你一句、我一句的接著說故事，彼此激發著想像力及戲劇敏感度，然後把句子紀錄做一些篩檢，整理成一篇童話故事，就開始創作及完成我們的親子童話書，很容易吧！其實有很多童話及成人的文章也是在親子、夫妻、婆媳、姑嫂之間腦力激盪之後才出現的。

看越多品質好的童話故事書，孩子會越懂得如何創作，在人生、道德、哲學、文學、美學上會有一些自我看法與調適。但並不是所有童話書都有正確引導的思想，也有些童話書的插圖不是那麼理想，如果父母與老師不自己先看一下就拿給孩子看，那很可能會對孩子的身心造成不良的影響，反而與我們的目標背道而馳。

不過，我們成人先看一遍，再給孩子看，然後和他

們討論書中好與較差的部分，會使孩子有獨立思考及自我判斷力。這是培養孩子思考美感很好的方法與機會，我們豈可以輕易讓它溜走呢？

我是一棵樹

　　當我看到《我是一棵樹》這本童書時，我覺得好親切，因為在 1994～1995 年，我才在全省文化中心巡迴展出了我的「樹」系列的畫作。

　　從小我就愛樹了，而且這本書插畫的水彩渲染技法也讓我學到了新的作畫方式。我滿欣賞作者用一種夢幻的質感，來描繪出一棵樹的成長及可能會有的經歷。

　　其實這是一個小孩從出生到長大成人的心路歷程，可能有些人不知道嬰幼兒也會有寂寞的感覺。嬰幼兒確實有這方面的感覺，而且是和肚子餓的感覺一樣強烈，可是在語言上，他們無法明確的表達出來，而且他們也沒辦法自由的走動，他們只能用哭聲來引起人們的注意。除了生理上的需要，他們還需要成人及同年齡的同伴陪著他們。

　　但是，在都市和鄉下的父母每天都有一大堆的事要做，而小朋友就像書中這棵名叫作「菲利」的樹一樣，

嚮往著、渴望著可以和森林的樹做朋友及和大人在一起。但是它不能走動啊！他甚至懷疑是不是可以交到朋友呢？這是很多小朋友的疑惑啊，等他們到了 3～4 歲時，很自然會要求和比他們年長的小孩子玩，但是所得到的答案往往是「我們要和大小孩玩，不要和你玩。」正如鳥兒要找大樹築巢，不在菲利樹上築巢。這是很現實的被拒絕經驗，小朋友在這段時間會很難過，心理上很難去克服一些困難。

但是這是為人父母很容易忽略小朋友的一段時間，因為他們認為小朋友在生理上已經慢慢的成長，不用再那麼照顧他們，但我們可能忽視了小朋友心中的寂寞。所以當看到大樹說它很習慣自己的孤獨與悲傷時，許多小朋友（甚至成人）對這句話都會有相當大的共鳴與感觸。

但這本童書不只在描述孤獨和寂寞的感覺而已，而是在給小朋友和成人一種「能忍耐寂寞才能有很多朋友」的希望。我在教小朋友畫畫時，有時會要求小朋友在家畫畫。這是要小朋友獨立完成一件事，然後帶來給班上每一個同學看，那將是給小朋友自我完成一件事的成就感，而不是全班在一起畫。當然，教導小朋友自我

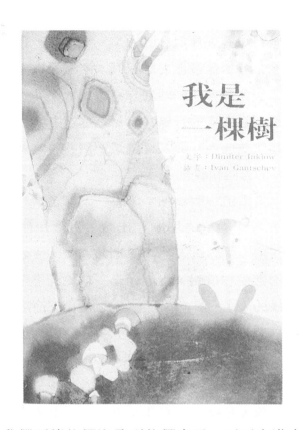

成長，我們要讓他們注意到他們自己一天天在進步，一
年年在長大，並給予適當的鼓勵和支持。例如請小朋友
的同學來家裏玩，甚至請他們來開小型生日宴會，讓小
朋友覺得自己有很多的朋友，而且朋友都願意和他們來
往。

　　等他們知道並肯定自己的交友能力時，自然有很多朋友了。而這本童書也告訴我們，要交很有禮貌和能幫助我們又不會傷害我們的朋友。例如大樹菲利讓那答應它永遠不啃它樹皮的松鼠和會幫它趕所有害蟲的貓頭鷹和它一起住並成為好朋友。這是一個非常重要的教導小朋友交友的方向和觀念。

　　這本書指出一個觀點：讓小朋友有自信和責任感。當小朋友有能力去為朋友付出時，這會使他們的自信心、責任感、愛心與人際關係更加進步。使他們更加得到別人的喜愛和信賴，他們就是一群充滿喜樂、合群、很得人緣的人了。好的人際關係不是從天而降，而是從小就要培養了。從大樹菲利身上，我們看到了從孤獨小樹成長到一棵有很多朋友的大樹。

　　從「菲利」大樹的經歷也可以看到孩子和父母老師的人際關係，是建立在平等互惠的關係上？還是一味乞求與不平等的關係上？這對孩子的人格發展有很深的影響，父母及老師的人際關係往往是孩子處理他們人際關係的指標。在這本書中，不只是人際關係的建立，更有對實力的夢想。

　　這也是一個藝術工作者與藝術欣賞者所該有的認

知，一個藝術工作者必須有寂寞的工作時間，而不是一直曝光在媒體及公眾面前；藝術工作者不應該譁眾取寵式的表現他的工作成績，而是在實力下功夫、研究，及一直不斷的尋求突破，才會使人更尊敬他們，不然會永遠停留在小樹階段，永遠都沒有辦法令人尊敬與喜歡他們的。

　　唯有無止境的追求美的事物，不斷的求進步才能得到同儕的喜愛與認同。這也帶動同儕之間的成長風氣。大樹菲利就讓我們學習到了——如果我們可以讓孩子知道實力帶來的自立與成就的價值，就給孩子希望與用功的動力，自發地去學習一切該學習的科目。

　　父母及老師的友情與訓練，會使孩子們有更高的成就心理需求，這造就他們更高的社會與人格發展，不是硬逼就可以出現的發展，而是需要良好的互動和溝通才可以。

　　「如果菲利這棵樹有父母在身邊指導，會是什麼樣的情形呢？」

　　或許這是給讀者們一個思考和創作的題目吧！

巫婆啊巫婆
──請來參加我的宴會

　　我在美國讀大學二年級的時候，我的兒童心理學教授曾和我分享一段有關她四歲兒子的經歷。她告訴我，她們全家有一次去探望她那住在美國南部的八十歲祖母，結果她兒子一看到祖母就大哭了。

　　她事後問她兒子為什麼會哭呢？他回答說，他從沒看過臉上有那麼多線（皺紋）的人，而且看起來很可怕，所以他哭了。這令我很驚訝，也使我發現，人的恐懼有一部分是對於從來不知道、從來沒看過的人、事、物產生不知如何去做、去接觸的心理反應，就像那些英國清教徒剛步上美洲新大陸，遇到原來就住在那裏的印地安人時的那種驚惶失措，而印地安人何嘗不是這樣呢？於是一場場的戰爭就開始了。直到雙方有足夠的接觸及溝通才可能停戰，才可以和平共存。

　　直到現在，教授的這段分享仍令我有很深刻的印

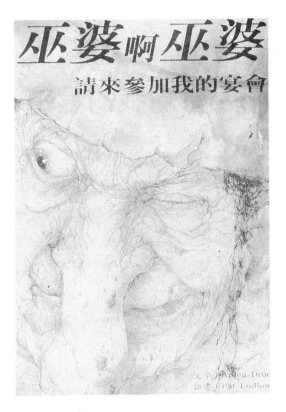

象。當我在台北國際書展看到了鹿橋文化出版的一本童
書《巫婆啊巫婆──請來參加我的宴會》時，我非常地
驚愕，因為這本書的封面有別於一般童書的唯美畫法，
而用一個滿臉皺紋、顏面扭曲，大鼻子上有著無數傷痕
與痘痘的老婦人臉部特寫畫面作為封面。我第一個反應

與疑問就是：小朋友的家長能否接受這樣的一個封面？
而我第二個疑問是：小朋友會不會被這個封面嚇壞了？

　　但我看了封面，就忍不住想看裏面的故事是怎樣的
故事。原來是有一個小女孩請客，請了巫婆，但是巫婆
說：「如果你請貓去，我就去。」而貓也這樣說：「如
果你請稻草人去，我就去。」結果主人就因為這樣，請
了巫婆、貓、大野狼……等各種奇特的客人，而每一位
客人都以凶狠的臉部特寫來表現。最後一位客人是小紅
帽，她也以一臉嚴肅的表情說：「如果你請小孩去，我
就去。」故事即將發展到最後結局了，翻開最後一頁
時，我很欽佩這位作者 Arden Durce 的幽默與敏銳，更
感覺到他是如此的懂兒童心理，能創造出這樣的結局。
最後一頁，我們看到一整排的小孩裝扮成巫婆、貓、稻
草人……，等著進去大房子參加一個化裝舞會。

　　我個人非常喜歡這本童書，因為我從這本書看到了
很多人性與兒童心理層面的問題與解答。大部分的家長
可能會擔心這本書的動物臉部特寫畫面嚇壞了孩子，但
是對小孩子而言，能早一點多接觸不同的人或凶惡、可
怕的動物，而且把他們視為和小朋友一樣的平等地位，
有助於小朋友人格的平衡發展，將來他們面對危險與不

面具的製作是反應小朋友內心的期待與願望。

同的人種時，不會只想到逃避或輕視，而能以較冷靜、和平、理性的心態去解決危機，並且和不同族群及各年齡階層的人都維持一種尊重的態度。

　　還有，小朋友可能不是那麼脆弱得害怕接觸那些所謂的怪獸，相反的，他們可能相當喜歡怪獸或凶惡一點的人。在我的資優兒童美術班裏的小朋友，有很多喜歡畫恐龍、機器人及美女與野獸中的野獸，而在「面具」那一堂課上，很多小朋友喜歡做很可愛的造型，也有些

這是非常強烈的面具，也是心靈豐富與創意的表現。

小朋友會把自己裝扮成一些很酷、很慓悍的造型。為什麼小朋友會像《巫婆啊巫婆——請來參加我的宴會》中那些小朋友般把自己裝扮成巫婆、凶貓、狼……呢？

　　那是因為小朋友的體型小，力量又比較小，他們看那些體型大又很有力量的怪獸與奇怪的人，可能產生一種因渴望被保護，進而喜歡和崇拜他們的心態；甚至希望將來成為像他們一樣大而有力的人。但是現實生活裏，他們還是弱小的一群，每天生活大多是固定的，而

且是被安排的，很少有絕對的自主力。所以他們便在他們的遊戲中、兒童文學作品和美術創作裏，找到及表現他們所要的力量與滿足他們的好奇和幻想。人們不總是對一些不尋常的事既害怕又好奇與憧憬嗎？我記得小時候也常常聽阿公及老一輩的親人說鬼怪故事，而且在同學之間也常流傳一些古怪的故事，在在說明了人性中的好奇心有時會大於恐懼感。而人們也總喜歡窺探那些不屬於自己現實生活的奇情幻境，因為這是能逃避單調乏味生活與壓力的一種刺激。

面具也是一種藝術的表現，有些面具是宗教典禮中很重要的一部分，為什麼人喜歡面具呢？它有裝飾、掩飾不足、嚇阻、防衛、保護、掩飾事實等等的作用。孩子喜歡面具的原因之一是他們喜歡變化，小丑臉上的粧與一般人的臉都不一樣，卻使孩子開心的跟著他到處地玩。大部分孩子喜歡新奇、誇大、誇張的事物與色彩，這是非常可以理解的。因為孩子的視覺及其他的腦部組織必須大量的刺激，才可以發展較快，這也使孩子容易厭倦日常瑣事，常常需要變化。還有，面具可以使他們馬上變化成另一個想像的人物或動物，使他們有抽離自己、環境及社會的戲劇性享受。只要他戴上面具，別人

在看小朋友創作的面具時，我們做父母或老師的能否了解他們
的心靈呢？

就看他是另外一個人，但是脫下面具，又回到自己。孩
子們可以從製作面具的過程裏，了解自己有多少的個性
角色希望去扮演與擁有，又或許他們已經在他的潛意識
有那些形象，只是製作面具時把它具體化罷了。

　　父母老師應該以耐心與智慧去看孩子的面具，也許
會發現我們自己的形象就在其中。發現了「你我」出現
在孩子的面具時，千萬不要吃一驚，也不要在驚訝之餘
打罵孩子（很少父母會因為這種事打罵孩子的）。

　　面具融合了孩子對自己的理解、理想、想像、對外物的觀察、童話及神話故事的想像與思考，非常有趣又值得我們思考和引導孩子去製作屬於他們的面具，我們也可以為我們自己製作面具。製作親子面具也是一件很好的親子互動遊戲與美術表現方式。

　　讓孩子在童年多接觸不同人與事物及保護孩子的安全是父母老師的責任，這會使有些父母老師感到兩難，也許應該在培養孩子多看、多聽、多接觸新事物的同時，也要培養孩子判斷是非的能力，保護自己免於受到別人傷害。這樣，我們就可以放心讓他們去接觸更多新的朋友及事物了。

　　在兒童時期，如果不讓小朋友有機會去想像及接觸一些不同的人和故事，長大後就很難再有這種機會，因為成長只有一次。但是如何引導小朋友不對某件事物及人產生過分的恐懼或過於壓抑自己的心情，這點就必須很有智慧了。

　　這本《巫婆啊巫婆──請來參加我的宴會》或許提供了一點線索去引導小朋友，有時他們可以想像自己是巫婆、貓、稻草人、狼、蛇……等等。而且也可以叫其他同年齡的小朋友來裝扮成這些動物，大家一起來玩遊

戲。基本上，他們由這本書及這個遊戲裏已學到了彼此
之間的平等及互動，發揮想像力、創意及活動力，進而
自我肯定，不再有種無謂的恐懼跟著他們。

　　我是相當喜歡看童書的人，《巫婆啊巫婆——請來
參加我的宴會》或許是喜歡看童書的大朋友與小朋友，
在唯美神話與戰爭漫畫之外的另一種好選擇吧！

突　然

　　當我看到《突然》這本童書時，我就被它的封面名字吸引住了！因為在我和我的朋友每天生活裏或多或少都有些突發的狀態，使我們的生活時有驚喜與煩惱。因此我就立刻想看看這本童書怎麼去描述《突然》。

　　看完這本書之後，我想起了有一次聚會，一位四歲小朋友的父親說，他告訴兒子要作一些事，兒子也答應去作那些事，然而，兒子大多只作到一半就去作其他事了，令他很傷腦筋。問他兒子為什麼不作完本來要作的事呢？兒子回答說「忘了嘛！」相信這也是許多父母所碰到的問題之一。

　　有些父母甚至因此責罵孩子、處罰孩子。其實這些父母可能忽略了一件事，那就是孩子的腦神經還在發育中，注意力能集中的時間比成人短，比較容易對事物厭倦，這時，如果他們發現了其他有趣或他們覺得重要的事物，他們就自然而然放下手上的事務，去作他們認為

有趣又重要的事，有時他們會回來作完他們答應作的事，有時候則是根本忘了，這是小孩的腦部神經還沒發育到完全的階段，所產生的與成人不同的思考和邏輯方式。

若是一味責怪或體罰孩子，只可能讓孩子的心靈蒙上一層陰影，讓孩子總是在恐懼中惶惶不可終日。

而有些孩子的動作就是比一般孩子慢及不方便，尤其是殘障的孩子，像我到了八歲還不會扣扣子，到了十三歲才可以拿筷子。如果要我和一般孩子比，那行動上是不方便且慢了很多，我小時候吃飯吃得很慢，而且吃一口就漏掉一大半，吃相實在很難看。如果我父母一直責怪我，或者乾脆就餵我吃，快速的結束了吃飯戰爭，那可能到今天我還是無法自己拿筷子吃飯，也不可能自信地和人吃飯。

如果孩子不是在生理上有殘障，或者是個性上比較內向，手腳慢了一點，而常常拖延時間的話，可能是缺乏安全感整合能力、行動力不足，這時必須請教專家協助，不然可能會造成將來孩子人格上的缺失與人際上的困擾。作父母老師的我們必須先以包容的心情去對孩子，我要求我的學生在一定的時間完成一些作品，如果

他們完成了，我會鼓勵，如果沒有完成的話，就會叫他們下次補回來，如果還是沒完成，我會約談他們，個別溝通。我想這樣才可以了解他們為什麼沒在時限內完成他們的作品？了解以後才可以幫助他們解決他們動作慢的問題。千萬不要對孩子使用言語與肢體暴力，那不但

解決不了問題，反而加深他們的疑慮。我並不是不主張
處罰孩子，但要先和孩子談一下，才可以決定處不處罰
或以什麼方式處罰比較合適，才不會一下子令孩子受到
太大的刺激，無法適應。

而這本《突然》卻是在結局中，讓豬小弟回到家裏
——讀者以為大野狼也跑到家裏要捉他，因為那個陰影
很像千方百計要捉他、吃他的大野狼。出現的卻是豬媽
媽——她不問豬小弟在外面做了什麼事，也沒有問他為
什麼那麼晚回來，就一把將他擁進了懷裏。這個結局使
我們看到了什麼呢？原本小孩子以為遲到或因為去作其
他事而延誤作一些事的時間，回到家，爸爸媽媽一定會
罵他或罰他，擔心害怕的陰影烙印在他們心靈深處。不
過做父母的，是否能讓我們的孩子認為「家」是永遠支
持他們的地方，父母的懷抱永遠是為擁抱他們而敞開
著，無論他們在外做了什麼及受了什麼委屈。這是這本
書所要點出來的重要問題之一。

這本書還教孩子們有時不一定要照常規去玩遊戲和
走他們人生的路程，有時候換一個方向溜滑梯也可以避
災。這無形中培養孩子一種敢創新和隨機應變的能力，
這是目前孩子在這多變化的世界上所需要學習與加強的

無論如何，在母親的懷裏總是安全的（陳炳勳攝）。

能力。但在同時，也教孩子留意四周的環境，觀察有沒有危機在他們身邊，這是相當重要的教育方向；隨時都會有危險，但他們能發現得早，就可以避免一些危機了。敏銳的觀察力對比賽、科學與一些科目都是非常重

要的。

　　一般父母或老師以為美術或童話書是一種打發孩子時間的方式，但是他們可能忽略了一點，其實美術與童話書也是一種訓練孩子去觀察周圍很好的訓練，孩子從美術與童話故事書學到的可能是比我們教的更仔細的觀察力，因為他們不僅觀察及去記憶，而且更去作出他們的美術創作，也成為他們思考中的一部分了。在科學上，觀察得精確與否往往可能是一件實驗的成敗關鍵之一。社會學、心理學、文學、新聞傳播學都非常依重觀察。孩子如果有敏銳的觀察力，那可能使他們避免一些危險，也可以使他們在功課上更精進，這也是美術教育之所以要父母參與的原因。因為父母也必須有敏銳的心，才可以使孩子對事物有敏銳的觀察力。

　　有一點危機意識是對小孩很好的教育方式，這本書表現了這些重點。

　　本書也警告一些有時喜歡以暴力強佔東西的小朋友，有時候，就只為了強上滑梯就會有被野狼吃了的危險。所以寧可守規矩也不要以暴力解決問題，這對孩子的做人處事也有正面影響。

　　許多時候，連父母老師自己都可能因為要爭取一些

東西，產生語言與肢體暴力，更加諸於弱小的孩子身上，使孩子有一種錯覺，以為只有暴力才可以解決問題。其實父母老師們可能還有其他方式，選擇去解決問題，不是只有暴力才可以去解決問題，這本《突然》用了一種令我很驚訝的方式去表達了對暴力一種恐怖的批判，它讓壞豬小朋友因為不排隊強行上了滑梯，就被等在滑梯的大野狼吃掉，這是非常恐怖的一件事，有點「一失足成千古恨」的味道，我希望看到這本書的父母、老師及孩子要非常小心這一段，不要讓這一段嚇到，而是記取這教訓，不要逞一時之快，把自己的生命賠上了。我在想，如果一些飆車族及幫派的孩子可以在小時候看到這本書，會不會對他自己的行為會導致身體上的殘障與生命的危險，多做一點思考呢？而不是一味去尋求快感而不顧一切。孩子必須自己有危機意識，才可以保護自己避免傷害。

　　有些傷害是一輩子都無法抹去的，身為父母老師的我們不可不注意這些暴力行為所產生的傷害。我們怎麼去教孩子呢？就必須很有耐心、愛心與智慧了。孩子的生命在我們教導他們的方式中及親子互動中，決定了是舒服、安全或是恐懼與不安的。

　　還有在這突發事件這麼多的時代裏，我們的孩子要承受多少危險與意外才能長大成人，我們怎麼可以不珍惜他們呢？而他們也要被教導珍惜他們自己的生命，就像本書的豬小弟在歷經了這麼多的突發狀況之後，仍然回到家裏，「突然」被母親擁在懷裏，這是多麼幸福和值得高興的事。

鳥和魚

　　在我十四歲還沒全家移民到美國之前，聽說美國有
三十多種口味的冰淇淋，數也數不清的巧克力，而且美
國小孩不用寫家庭作業，我就滿心期盼去美國了。結果
到美國之後的一、兩年很失望！因為，是有三十多種口
味的冰淇淋，但我爸爸是牧師，根本沒可能給我足夠的
錢去買冰淇淋。是啊！是有數不清的巧克力糖，但只有
在萬聖節和聖誕節才能吃到。美國小孩不用帶功課回
家，但我必須在放學回家背英文單字，才能跟得上班上
其他同學。我到美國兩、三年之後才適應了那裡的生
活。

　　這段經歷使我對《鳥和魚》這本書產生一種特別的
感動。書中敘述了兩個在不同環境下生長的好朋友——
鳥和魚，在彼此的面前說著自己生長環境的好處，使對
方羨慕他的環境，產生了一種美麗的期待。但等到他們
到對方生長的世界一遊時，他們立刻失望，而且那份唯

美的期待被現實殘忍地摧毀了。根本沒有像鳥說的：美麗的落日、森林、山巒和雲彩，有的只是一層冷冷又沒多少色彩的雲（因為冬天來了）。也沒有像魚所講的輕飄飄游泳美妙的感覺，回頭也看不到映在水中迷人的陽光。因為冬天河裡的水較多又較吵，水流也比原先的強多了，而陽光不能透過冰層，發出如在春天、夏天和秋天的光芒，而且最主要的是他們都找不到他們的朋友。

這使我想到小朋友往往喜歡說自己的家和東西多好，卻同時也在羨慕朋友的家和東西。這是小朋友自我與個體意識的心理表達。但是我們應該讓小朋友認清一點的是，他不吭一聲就離家出走，去找尋他和朋友的夢想，後果可能是什麼？他們的理想可能幻滅，也可能失去朋友。在走失兒童遽增的時代裡，這是很能引導小朋友走向正確的方向。

離家出走，是孩子對現實生活不滿的一種具體反叛行為，但這會危及孩子的生命，及整個家庭的完整性，孩子可能只是不滿家庭一些壓力與包袱，就逃離家庭，到外面逛逛、闖一闖。這是逃避現實的心理。我們成人比較可以自由地到我們所想到的地方，可以比較自由地做一些我們想做的新奇事物，把自己從頭到腳換新的裝

文字：Paz Rodero　　插畫：Józef Wilkoń

扮。但孩子呢？根本沒有足夠的經濟及能力自由地做一
切他們想像中的事，除了我們的安排，他們就只可能待
在家裡看電視與和他們兄弟姐妹或貓狗玩而已。他們要
出去看世界是一種很自然的希望，而且也是對美的追
求。但是這個心理上的希望，成人可能無法體會，也許

忽略了他們的感受，使得孩子因為寂寞而更需要朋友、與朋友諮詢。如果我們知道他們有這樣的一個需求，他們就可以不用離家出走了，我們可以在假日或不影響我們工作與他們功課的時段帶他們到外面去走走逛逛，美術館、畫廊、百貨公司、公司、鄉下，甚至國外，擴大他們的生活圈子，見識多一點不同的人與事物。或許，這要父母和親人喜歡旅行、有時間與經濟平穩才可以做得到吧！不過呢，帶著孩子去找親戚和朋友聊天也是另外一種方式！我們讓孩子知道我們也有很多的朋友，而且這些朋友愛我們，正如孩子的朋友愛他們一樣，我非常喜歡讓孩子們有自己的朋友圈子，那會使孩子從小就對人際關係有認識，彼此討論著他們的夢與幻想。他們在編織夢想的同時，也是在交換著一種屬於他們自己對美的想法與價值觀，就像本書中的魚與鳥一樣，他們不只在吹噓著自己的家園多美多好，而且是在講述他們的理想世界，一如柏拉圖的理想國一樣，有著一個對美的憧憬與期盼，自然會引發孩子想去探險的心理。雖然我們可能覺得他們的想法是天真又幼稚了一點，但我們仍要尊重他們的朋友和看法。我們都是從孩子成長到成人階段的，我們應該回想我們小時候，那股對美好事物的

兩個小朋友分享他們的夢想是一件美的事。

熱愛與衝勁，也可能是年輕時最好的回憶之一吧！

　　所以，不要讓小朋友冒險與想像的空間受到限制哦！我們仍然要鼓勵小朋友勇敢地朝他們所嚮往的空間去發展，在我們成人可幫助的能力範圍內，儘可能去幫他們建立自己的天地，並且接受他們同年齡的同伴（雖然來自不同成長環境與背景）和他們一起尋求他們共有的夢。就如這本書令人驚喜的結局——鳥和魚一起結伴去環遊世界。

我個人非常喜歡這個結局，因為他帶給小孩一種對未來的希望與不放棄對生命熱愛的本質。那是在他們了解生命也有許多失望、挫折和悲慘生活的經歷後，更鮮明的在他們腦中產生積極思考模式，而影響小朋友一生。他們知道自己是永不會寂寞的，因為朋友總在某處等著他們，在尋找他們。而歷經了人世間變化，使得這友情更加堅定和自由。小朋友可能對這隻鳥和這條魚有著同情的感情存在，最後他們終會高興他們兩個好朋友又重逢了，並一起到他們所喜歡和希望去的地方，分享彼此生命的一切情緒，且在他們人生旅程中堅定的踏出每一步。其實每一步都是他們成長的一部分，在我們看到魚與鳥再度重逢時，他們沒有一絲埋怨與仇恨，兩個朋友沒有怪彼此的疏忽而害他們找不到彼此，這是難能可貴的情誼。

美術教育除了教導孩子去欣賞美的事物外，更重要的是欣賞自己和接受自己的一切，無論是成功、失敗、好或不好的情緒，都是值得自我表現與被肯定的。在自我肯定與欣賞之餘，也去包容別人，了解別人的觀念，思考成功、失敗。我們藝術工作者常常被一般人認為是有一點的瘋和懶，大概就因為我們對自己的尊重與欣賞

超越了一般人的標準吧！而對於工作，我們很投入和認真，對於其他不干我們的事，我們就比較不會在意及特意去經營。我喜歡孩子可以表達出他們的看法，我卻不喜歡我教的孩子或成人朋友一直重複著他們的怨恨，我會認為那是他們自己應該調適的，我只是站在一個引導者的身分，或者我也會犯錯，例如疏忽，如果孩子或朋友一直怪我，我想任何一個人都會失去耐心。幫助孩子面對困難時不去抱怨，不只看人不好的地方，而去想自己在這樣困難中有什麼樣的成長與改變，才是真正幫助孩子走出來並解決困難的方法之一。

像這本書的主角在歷經了殘忍的現實又孤立無援的恐懼之後，魚與鳥各自有人生體悟及更多體諒別人的心，更大的胸襟去包容別人；唯有經歷到那份苦楚，他們才可能有那份成熟及豁達，但是最使人讚歎的是那份存在魚與鳥之間的友誼。

原本是該有負面情緒、失望、不適應社會體系和寂寞，然而，在兩個真誠相對的小心靈相遇之後，就被醫治痊癒了。這是多麼令人驚歎的結局啊！也許失去之後，再去尋回的友誼才是最珍貴的。

玩出美感來

　　大家都玩過遊戲，但什麼是遊戲，恐怕很少人能講得很清楚，而且成人和孩子對遊戲的定義也不盡相同，但不只成人和小朋友喜歡玩遊戲，甚至小貓、小狗及其他動物都會玩、也愛玩遊戲。

　　小朋友在遊戲中長大，我們成人是從小朋友長大的，所以每個人都是在遊戲中長大的。大概因知識、教育、背景與想法已經離童年有一段距離，有些成人不一定能體會小朋友的遊戲心理與規則。而在美術教育和兒童人格發展，遊戲是很重要的。今天我們就來看看遊戲是怎麼影響小朋友的心理、人格與美感？父母怎麼去和小朋友一起享受遊戲的樂趣，玩出美感來。

　　我家貓貓很喜歡我和牠玩彩帶繩子和球，只要一有空我就和牠玩，我們都很快樂。有一天，一位朋友來我家，看到我和貓貓玩的情形，就說貓應該抓老鼠，而我家貓貓只會玩彩帶，真是沒用。她建議我應該訓練牠野

外求生的技巧才對；我只笑了一笑，沒有回答她的話。

　　因為這是一般成人與父母對遊戲的看法──對現實生活及人生沒有什麼用處且不用認真，也不是很重要的。

　　甚至有些父母認為遊戲是應該被禁止的，因為他們害怕孩子一直陷入及沈溺於遊戲又無自制能力去做應該完成的事，令我想問這些父母一個問題，是否他們對孩子的成長太過於急切，忽略了孩子該有的自由與休閒呢？或許從另外一個角度來看這些父母，也是好意。父母要嚴格地教育孩子的自制能力，但是不讓孩子在家裏玩遊戲，孩子難道不會去外面玩嗎？這是個很認真的問題。自不自制、沈不沈溺並不在於遊戲或遊戲的方式，而在於孩子是否被教導成自制的人，不沈溺於某種特定遊戲難以自拔，有些被過分保護的孩子往往容易沈溺於遊戲中，而一般孩子則分得清楚遊戲和該做的事，並懂得分配時間，所以他們對遊戲和真實生活都能控制得很好。孩子也不可能玩一種遊戲玩得太久，因為他的體力和耐力有限。父母不需要太擔心遊戲會使孩子變得無法控制時間和他們自己的身體，不過還是要規定孩子一個正常的作息表，且徵求他們同意，甚至可以和孩子一起

陪孩子釣魚也是一種美的經驗。

設計親子作息的表格，也是一種創作。不要一成不變、
年復一年的，而是因孩子的成長需要與功課上的時間來
作決定。這樣，孩子會感激我們對他們的用心的。

　　實際上，小朋友玩遊戲，對他們來說是和呼吸、吃

飯及睡覺一樣的重要，而且應該受到尊重。小朋友的遊
戲其實就是他們在心理和生理上成長的學習與訓練自己
的方式。

　　不一定每個遊戲都是對小朋友有特別的意義。如果
我們細心去觀察，就可以知道其實大部分的遊戲都對小
朋友有益處，例如我和貓貓玩彩帶，小朋友追逐彼此，
是幫助我們引出原始活力，發洩一下可能過盛的精力，
可以避免造成肥胖及因肥胖而引來的不適及可能的疾
病，還可以訓練我們對孩子的耐心。

　　小朋友肌肉、神經系統及其他器官都還在發育階
段。小朋友的活動量似乎很大，但其實是很容易疲累
的，父母可能常常忽略到這點。他們希望自己的孩子學
很多東西，以為小朋友的活動精力一直都很旺盛。孩子
可能疲勞得很，但是因為不懂用語言表達，父母以為他
不累，而他自己也不知道累，如此日積月累，就把身心
健康弄得不好了。父母有責任讓孩子休息與遊戲，而且
提供充裕的時間與空間。

　　孩子和成人都可以藉著遊戲發洩精力，而且學習協
調及熟悉他們肢體上的動作與保護自己所需要的技能。
小獅子或小狗在草原上或街道上追逐及輕咬彼此身體，

孩子畫畫就是一種遊戲。

小男生玩騎馬打仗，都不只是在玩，也在學習和練習攻守及保護自己的基本方式，其中的生理功能很強烈。只是成人們事情太多了！又有體力上限制，可能只看電影上的速度與激烈的動作做補償吧！這可能是為什麼動作片會那麼賣座與多量的原因了。遊戲除了能使孩子學習身體各部分動作及機能，幫助他們發育得更好、更成熟外，對他們的心理及人格發展也有很深的影響及幫助。

　　適量適合的遊戲可以讓孩子有快樂、驚奇、自我表

現及成就感，因為遊戲沒有太多的限制，沒有明顯的勝敗之分。如果有很強烈又明顯的勝敗之分，就不是遊戲，而是比賽了。競爭的遊戲有時間性，但沒有時間限制，這樣使小朋友有自己控制時間與一切的成就感與自信心，一切都是他們主動參與，他們自己作決定，不是成人強迫的。孩子就可以主動及放鬆自己去玩他們的遊戲，這對他們日後開放自己和主動參與社會上一些事務打下很好的基礎，一個孩子若是在童年沒有足夠的遊戲量，他們長大後，可能是很容易緊張又壓抑自己情緒的人。

因為人是群居的動物，被同儕認同與接納是一件很重要的事。孩子和成人都需要朋友的支持和感情上的連絡，遊戲其實就提供了一種探索人際關係的機會，使彼此學習相處之道，交流彼此的家庭、性別、價值觀、社會形象與審美觀。在玩遊戲的時候，我們無形中學會了社會規範，了解自己與別人的情緒與好惡，矯正了一些錯誤的社會觀念。

在美術教育裏，遊戲也佔了很重要的地位。一位心理學家說：「藝術家都是些小時候沒玩夠的成人。」我並不願臆測這句話有多少真實性，但是我一直都相信孩

子的藝術創作應該像他們在遊戲時一樣的輕鬆、自由、沒有壓力。連成人藝術家都該如此，但成人藝術家對觀眾有一定的責任，在技巧和思考上都要有專業水準，否則就不能稱為藝術家了。

　　藝術工作者就像一般人一樣有不同的類型，有的是很感性，又有些是很可愛純真，也有些則是相當尖銳的。如果說我們在玩藝術遊戲也是很好的一個形容詞，但是玩的程度與玩的方式都不一定相同。這就是藝術最可貴的一部分——容許每個人用自己的方式去詮釋它，也准許各人以不同的角度去欣賞它，只是大部分的人以為藝術和一般民眾有距離。我們若是像孩子一樣單純以遊戲的心理來玩色彩、看抽象畫及其他畫風的畫，可能就更融入現代藝術了。藝術也是種作出來的產物，若是想去深入，想成為專業畫家，就必須可以靜得下來做研究、工作，更要有計畫地把畫完成。一般父母老師可能不知道藝術工作者需要很有計畫地把畫完成，推出去給人欣賞，及讓人購買自己的畫，才能生存和繼續創作下去的過程。

　　每一個人都可以對藝術和美學有興趣與做一番探究，但不是每一個人都可以成為藝術家，其間的差距就

在於遊戲與遊戲之外的真實世界與專業學養。

　　當我們的孩子說他們希望將來要做藝術工作者，我們所該做的是鼓勵他們、幫他們收集有關美術方面的資料，不要急切的希望孩子一下子就在藝術上有驚人的表現，而是要幫助他們繼續在藝術創作中玩遊戲下去。很多父母很怕孩子畫畫，因為他們會把桌子、衣服弄髒，怕髒就不美麗了。父母應該有容許小朋友在某種空間中有髒亂的表現。這會使孩子在心理上接納自己，能夠容忍錯誤，但我不贊成放縱孩子。

　　我父母從我在小學時候開始，無論家裏再窄、再小，都會給我和哥哥每個人一張桌子，讓我們有自己管理的空間，和哥哥的桌子比較起來，我的桌面總是亂了一點，但是父母准許我桌子亂。除非連我自己都找不到我需要的東西才會整理。我父母只准許我把自己的桌子弄亂，不過他們規定在家裏其他地方不可以弄得亂七八糟的，否則會被處罰。因為他們這樣的教導方式，使我可以學著管理自己的空間而不影響家裏其他成員的生活及空間。實際上，孩子活動力很大，很難不弄亂家裏，只是我們從小就給他一個觀念，就是在一定範圍裏，你可以自由，也可以弄髒弄亂，但不可以超過這範圍去影

響到別人，否則，就要被處罰，甚至也得不到自己的範圍所能享受的權益了。

　　父母不一定要要求孩子把蠟筆、水彩照原來盒子的位置排好，甚至可以把蠟筆、彩色筆、彩色鉛筆，全部放進一個小箱子，孩子們每次要用筆就會像尋寶一樣，先思考要用什麼筆？什麼顏色？畫出他們的畫，然後找到他們要畫的筆和色彩去畫在紙上或畫布上，等於是一種思考、視覺、觸覺遊戲的勝利，甚至可以延伸成一種親子遊戲。

　　父母可以和兩歲半以上的孩子說：「我要像香蕉的黃色蠟筆，請你拿給我好嗎？」或「我要畫十個蘋果，你要幫我找蘋果顏色嗎？」

　　他們若找到了，就給他們一點獎賞和鼓勵，並且謝謝他們的幫忙，找不到的話不要立刻不耐煩的就幫他們找，要給他們多一點提示讓他們再找一下。盡量以遊戲的態度和他們相處，一定讓我們和孩子玩得很好、很高興。

　　如果連握筆和找筆畫畫都可以成遊戲的話，那可以成為美術遊戲的方法實在太多了。

　　你是否和小朋友一起一手拿過兩隻以上的蠟筆在大

紙上追逐著畫線條呢？你是否和孩子一起用舊毛巾跳彩帶舞後和孩子一起畫出舞蹈的感覺呢？

　　請給我們和孩子有在藝術遊戲中成長的機會和空間吧！只要多一點的時間和創意，我們可以使孩子的童年過得豐富且充滿色彩。

你可以成為最佳藝術指導

　　一個好的藝術指導者往往不是孩子的美術老師，而是他們的父母、親人與同儕朋友。因為美術老師對孩子的支持、鼓勵和影響相當有限；孩子的父母、親人及朋友卻在他們的生活上，有形無形中給予他們視覺和感覺的評論，影響他們的審美觀與創作觀念。

　　或許有些父母會說：「我不懂藝術啊，我不懂怎麼去教孩子藝術啊！」

　　其實這是一種藉口，雖然你可能沒有藝術的專業知識，但是你我都可以引導孩子去觀察、去欣賞一件衣服、一片花瓣、一片葉子……及他們對這些物體的感受，並且還可以用遊戲的方式和他們玩出對美的興趣。

　　我認為一個好的藝術指導者的特質是有耐心與愛心，和孩子一起玩、一起笑，和他們一起去作藝術創作，而不是一直正經八百的讓孩子緊張、認真完成他們的藝術作品。此外，還要容許孩子犯錯，及將自己的主

張表現在他們的作品上。犯錯才會進步，而且以孩子的眼光來看，那也不一定是錯！例如畫蘋果，有些父母或美術老師會有先入為主的觀念，教小朋友畫紅色圓形狀，其實蘋果不只是紅色，還有綠色、黃色的蘋果，甚至削皮之前和削了皮之後在顏色及形狀都不一樣。讓孩子和我們一起看著蘋果、聞蘋果、吃蘋果之後，再畫蘋果，或許會令我們驚訝，孩子的敏銳觀察和感受、好奇及創意都在作品呈現出來了。我比較重視視覺、味覺、觸覺、嗅覺，甚至聽覺合一成為我自己的藝術，所以我的教學觀念也是這樣子。在我的兒童美術班裏，我會在夏天請孩子吃冰淇淋，冬天則是請他們吃蛋糕及喝溫紅茶，然後請他們畫出對冰淇淋或蛋糕加紅茶的感覺，其實那就是一幅幅兒童的抽象畫了。對於一切事物都試著去體會和觀察的父母，一定會帶給孩子很多的靈感來源，因為許多事物可能就在我們身邊，等著我們運用。我們如何對待及運用這些事物，或可成為孩子和我們創作的基礎。也許，大家都吃過冰淇淋，但很少人會想到我們對吃冰淇淋的感覺是可以成為一幅幅的畫作吧？日常生活中，有太多太多的東西可以成為父母指導發展孩子美術潛能的素材。主要在於我們是不是有耐心去找、

父親是最好的藝術指導者。

去發現呢？也請讓孩子在很舒服的情形下作畫、作雕塑吧！要有一顆包容孩子失敗或弄髒衣服、弄亂顏色的心，孩子必須要自己嘗試弄混色彩，而且這也是一種調色的好訓練。

　　但是我曾經看過一個父親對他孩子說：「來，爸爸先畫給你看，不然你又會把顏色弄得亂七八糟的。」

　　這個父親也許是求好心切，把自己所會的技巧示範給孩子看，但是這可能傷害孩子的自尊心，那份期待嘗

試成功創作的企圖心也可能會破滅呢！我的觀點是讓孩子先嘗試遊戲般的藝術生活、創作中的樂趣，及創作之後的滿足與成就一件事的喜悅；再引導他們學習美術的技巧與知識。

在教導的過程中，我們必須要考慮的是每個孩子的個性、體力和智商都不盡相同，在藝術教材和遊戲設計上，也需要考慮到這一點。而且有些成人玩的遊戲，孩子不一定喜歡，玩得太久也會不耐煩，甚至退出遊戲！

當一個好的藝術指導者要用心，要尊重孩子與他們的遊戲、創作，保持高度關切，但不要太予以干涉，讓他們能在充滿想像的童年中，發揮他們自己的藝術才華，使他們的心充滿希望，這就是最佳藝術指導了。

如果各方面都許可的話，也要帶孩子上好的美術班，因為那些老師可以和父母一起指導孩子，使孩子有更專業的指導，引發孩子更多的潛能，讓孩子的才華得以發揮。而且孩子需要同儕的認同與欣賞自己和自己的作品。好的美術班是讓孩子有彼此欣賞、討論作品的機會，而且這也是讓孩子認識更多有同樣興趣的朋友的機會啊！我非常喜歡看孩子們彼此談著藝術觀念與欣賞的角度，那會使孩子有自己的想法，也接受別人的看法。

小朋友上藝術班也是學習藝術非常重要的經驗。

更重要的是，孩子在同儕中也可能是一個藝術指導者，
他們不需要在台上講藝術理論，在同儕中就是一個很好
的藝術指導者，因為他們對藝術認識的深度與廣度，就
是在他們與老師、同學討論中建立起來的，父母所知的
藝術知識可能有限。

　而上藝術班、音樂班、漫畫班是我們給孩子學習各
樣創作的一種機會，在我們心態上或許是要看到他們有
收穫及好成績。這是很自然的期望，但是無形中也給自

己、孩子、老師壓力，這壓力有時候會使孩子更積極也更進步，但也有時使孩子對創作產生了恐懼與對藝術的排斥。我覺得不妨讓我們的心情放鬆一點，孩子進步了，我們就鼓勵，孩子還沒有達到目標的時候，我們就以信任和包容的心情去面對他們，讓他們自由學習，也許從這個方式，孩子所得到的比我們所想像的還多。因為我們的信任與耐心讓孩子有安全感與自信，在他們以後的人生中，也會對別人有著同樣的態度，使他們的路走得更廣更舒坦，這也許是上藝術班另外一個意想不到的收穫吧！

參加畫畫比賽的優缺點

　　我小時候印象很深，哥哥常常揹著一大包水彩顏料和筆，由媽媽帶著到公園去參加寫生比賽。他的模樣很帥哦！我常常想，即使他現在是美國的腦科醫學博士，回憶童年，他可能還是會記得一些美術比賽的情形吧！

　　基本上，我不贊成孩子太早或太頻繁地去參加美術比賽，因為這或許會使他們太早有競爭心理，而失去了以童稚之心欣賞與享受美術的樂趣。但我個人是贊成美術比賽，也肯定其優點。

　　有些父母為了一些比賽，就找一些美術老師惡補一下技法與祕訣。如果補習可以激發孩子的創造力，我很贊成，但有些只為了得獎而專找老師補習，我覺得那種得獎是功利主義下的產品而不是真正的愛藝術，創作出來的作品會一直重複，而導致僵化的藝術技巧，不能靈活地心手合一去作出作品，倒不如讓孩子在毫無壓力與競爭的心理下去創作，對孩子的身心更重要。我的一位

音樂家朋友告訴過我，她認為莫札特之所以英年早逝的原因之一是，他小時候即到處演出，這對一個孩童的身心需求來說是被剝奪的──他從小都活在人前面，疲累時，不太可能媽媽或爸爸每次都在，這樣長期下來，身體上怎麼不被拖累呢？

　　但是參加美術比賽是一種很好的藝術嘗試，如果得獎，更是一種對孩子藝術的肯定，得獎與否不是最重要的，重要的是孩子的作品被很多人看，被展覽在公共場所，這讓孩子對美的評介有著初步的認識。而去參展時，也可以觀摩到其他小朋友的作品，這是學習藝術的一個好機會。這時候父母的態度就很重要了，如果他們一直貶低其他小朋友和他們的作品，那孩子所得到的觀摩技巧與欣賞、包容力就比較少。尊重且誠實面對其他小朋友的作品，對某些父母來說，是困難的一件事，因為父母都對他們的孩子有著一點期待及認為自己的孩子至少在某方面是優秀的，且是不可取代的，這是父母愛子女的心理與態度。

　　曾經跟一個不是我學生的家長談話，她說她帶孩子去參賽，大家對她孩子不公平，她的孩子創意很好，卻沒有入選，其他的小朋友很少像她的孩子那麼有創意，

竟然入選了。但是我們必須了解到，評審們除了要考慮創意之外，還要考慮其他方面的線條和色彩的控制與協調，及整個作品給人的感覺等等。

　　如果這位家長可以用較寬廣的眼光看其他小朋友的作品，那會幫助她孩子在藝術方面更精進，因為她會帶領她的孩子看別人的作品！孩子的眼界開了，藝術欣賞能力加強了，所思所想都比較以欣賞與包容角度為出發點，對他們以後的人生會有很大的幫助。

　　做父母或老師最好要注意的是：主辦藝術比賽的單位是否是正派主流單位，而非以促銷他們商品為主的美術比賽。如果是促銷商品的美術比賽也可以參加，不過不用抱著太大的希望去參賽，免得失望了。

　　要給我們與孩子一種心理建設是：參加比賽主要的目的是給孩子有更多機會畫畫及參觀別的小朋友的畫，如果你勝了，那是別人給你肯定，若你的作品不被選上，那你就繼續努力吧！美術比賽只是我們美術成長的一個回憶！我哥哥現在是腦科醫生，但他對我的藝術工作一直都很鼓勵與支持，他也常常帶他兒子去德州達拉斯的美術館看藝術作品，或許跟他小時候畫畫及參加美術比賽有關吧！

　　所以不見得每一個參加過畫畫比賽的孩子都要立志當畫家，而且，畫畫比賽可以使孩子了解自己是否能在那麼多的競爭中仍然保有對藝術的熱愛與衝勁呢！我和哥哥一個是藝術工作者，一個是醫生。也許在我們小時候，都想成為藝術工作者，然而哥哥對於醫生可以救人的想法有更強烈的使命感，就改變初衷了，這改變決定應該是由孩子自己做的，而不是父母代他們決定的。由畫畫比賽還可以看到一些兒童個性——好強、溫和、脆弱……，做父母的應該很小心地觀察自己孩子在比賽中的禮儀，及比賽後的心理轉變。

　　其實每一個參賽的孩子都很有勇氣，也有耐心完成一幅幅的畫，讓評審欣賞評鑑，只不過評審有他們的一套標準吧！

　　只要孩子自己可以快樂的畫著他們所要畫的畫，任何比賽的勝負都影響不了他們，也不應該影響到父母的情緒，所以讓孩子去參賽，其實是讓孩子有一個機會與題材去畫畫而已。如果以這個角度來看比賽，就會給孩子和父母多一點空間與快樂了。

　　一個小朋友參加美術班和美術比賽的目的是什麼？是得獎？是將來去當藝術工作者？設計師？或者是使他

在繁重的課業之下，仍然對美的事物具備創作與欣賞的
能力與信心？這是值得我們思考的。

來幾趟美之旅程

　　寒暑假是小朋友休息的時間，也是父母很難安排他們去處的時候。我的建議是──去幾趟美術館吧！讓他們有機會做做藝術之旅及藝術探險。其實平常有空，就該帶他們去了。

　　去美術館不僅是給孩子欣賞藝術的機會，而且更是一種從小讓他們培養心靈氣質及紓解精神上的壓力和昇華的方式，也可以讓他們的思考方向與能力更加的豐富及多元化。試想一個孩子從小就沒有看過一些美的藝術創作的話，他如何對美的事物敏銳呢？而他的思考與想像的東西可能就很有限了。

　　讓孩子從小就有接觸藝術的習慣是做父母的責任，不要說我們太忙了，沒空陪孩子去美術館或其他地方參觀或玩，如果這樣說的話，我們就是在推卸責任，也失去了和孩子建立良好親子關係的機會了。

　　任何一種關係的建立都是不容易的事。然而，當你

用心和時間去經營任何一種關係時，你所得到的將不止是由那關係而來的喜悅與滿足，而且是一種自我成長，再次體驗你和人們之間的關係！是不是有用心去對別人呢？思考一下，你會發現你可以做的還很多呢！

陪孩子去逛美術館是種非常好的心靈互動的親子活動，我們要從小就培養與孩子們有一項共同嗜好與心靈分享對美的感動和看法，心靈就有一種默契了，是別人所無法取代的。這在短時間似乎看不出來有什麼效果，但長遠下去，實在是無法以物質或金錢來估量的珍貴寶藏。這要實地去做才知道。

不過，我們怎麼準備？怎麼引導孩子到藝術的殿堂一遊呢？

首先做好參觀前的預備，查好美術館的地址與展覽時間。有些人根本不知道美術館或博物館的地點，我曾經坐一個計程車司機的車，我說我到歷史博物館，他卻載我往士林方向，我發現不對就跟他說，我要去南海路的歷史博物館，不是外雙溪的故宮博物館，他才恍然大悟了。很多父母為了孩子的寒暑假作業就隨便找一個博物館或美術館，也不事先找好地址，結果就找了半天，還不得其門而入。還有，美術館通常是在每週一休息，

很多朋友不知道，白跑一趟。如果帶著孩子一起去，那會使孩子很沮喪，又對父母沒事先做好準備，感到無奈和無力。所以，請父母一定要事先查好美術館的地址與展覽時間。

去參觀之前，最好也要對展覽作品有些基本的概念，從報章雜誌、電視、廣播新聞中收集展覽資料。有些展覽只適合成人觀賞，並不適合孩子們觀賞，父母若對展覽沒有概念，冒失地去看展覽，父母很可能會尷尬又不知道怎麼辦了，因為那些展覽可能影響到孩子的人格發展。請父母最好要事先做收集展覽資料的準備功課和選擇展覽，並且事先和孩子溝通及討論。

讓孩子知道要去那一間美術館看那一個展覽，讓孩子心中有準備及印象，才不會排斥或不甘心被突然安排去美術館，且對那裏產生了抗拒的心理。若是這樣，看展覽也於事無補了，無法讓孩子吸收藝術的美感。

除了美術館外，我們還可以帶孩子到一些有著特別設計的建築物去參觀，我就很喜歡到一些有著彩色玻璃的教堂裏，看著光透過那彩色玻璃進入眼裏，產生了很迷濛的美感，我還喜歡和朋友及學生一起逛百貨公司，看著櫥窗的設計，衣服的顏色、設計及它們的時代感，

我們通常可以從這些設計引發我們自己創作的靈感。看
這些美的設計就如同面對很好的藝術作品一樣，其實設
計與藝術作品差別只在一線之間，好的藝術作品也可以
應用在設計上，而好的設計本身就是藝術，只不過，訴
求是在商品上而已。

我也喜歡到海邊，聽潮起潮落的聲音，看著浪花湧
上沙灘的激速。更愛到山上去擁抱翠綠的森林，享受著
安靜無聲的白天。

我們可以讓孩子的生活中有更多的美，往往美的地
方就在我們日常生活周遭，只不過我們並沒去注意，也
沒有帶孩子去看、去體驗，就跟去美術館一樣，我們要
事先做好功課及準備，不然不僅孩子失望，連我們自己
都無法和孩子有很好的溝通。孩子和我們自己實在經不
起很多失望的情緒。如果這樣，我們就乾脆在家裏看電
視好了，至少電視節目有些是相當有水準的，而且有最
新的資訊可以提供給我們。

當我們一切都預備好了，我們的心自然就平靜溫和
了，去看展覽及設計時會更安穩又和平，孩子在我們身
邊也感受得到溫和的氣質。孩子會更喜歡跟身為父母老
師的我們走遍天涯海角美好的地方，也更會欣賞與討論

藝術作品及好的設計。

美術館導覽

　　什麼是美術館？在英文中美術館和博物館（muse-
um）是同一個字，只不過專門展覽自然科學方面資料的
特定公開地方，稱為自然科學博物館；專門展覽歷史事
蹟、文物及資料的特定地方則稱之為歷史博物館；而以
美術作品為主要展覽物品的地方，就是美術館了。

　　大多數的美術館都有他們自己一套行政管理系統與
收藏，也有特別喜歡展覽的那一類型的美術作品，大部
分的美術館都採門票制度。美術館與美術館之間也會交
流與互展彼此的典藏美術作品，美術館的聲譽和評價就
在於展出水準的高低與收藏作品的多寡來決定。因此，
不是每一個藝術工作者的作品都能在美術館展覽，也不
是隨便的人就可以決定什麼樣的藝術品可以在美術館展
覽，而是有一定的審查委員會審查通過，具有一定水準
與藝術界認可的藝術工作者，才可以在美術館展出作品
的。

　　大部分的美術館是屬於政府文化部門管理。但也有
因為私人收藏很多重要藝術□□的作品而成了私人美術
館，例如位於美國帕莎麗那的□頓賽門美術館、台南的
奇美美術館等等。

　　現在，更有一種另類美術館，主要分佈在 New　York
及歐美大城市，而 New　York 可能是最多這種美術館的
一個城市。有許多藝術工作者在一些大廈、地下鐵、巷
道的牆上，創作出他們的藝術作品。有些作品是因月
份、季節而替換更新的，而且是由不同藝術工作者所創
作，讓每一個路過的人或住在那裏的人都可以享受一點
不同的視覺美感，這是一種國外新形式的美術館，在國
內有些廣告看板與百貨公司的櫥窗做得不錯，如果再多
一點藝術味道就有街頭美術館的氣勢了。

　　美術館廣義的延伸是每一個非營利性質的藝術品展
覽公開場所，所以畫廊或營利性質的展覽場所，可能不
適合稱為美術館或藝術博物館。

　　但是如果你要把你家佈置成為美術館，也是不錯的
想法。你可以在家裏買及收藏一些畫家的作品，還可以
開放一面牆，在那面牆上，貼上大張的白報紙，讓孩子
們從小就在那上面畫畫，畫滿了再貼新的白報紙，甚至

你也可以在那上面創作。

　　我想這是每一個家庭都可以做到的親子藝術互動活動，而且花費不大，我還曾經看過一個美國家庭，把互動的消息用彩色筆寫在壁紙上，而壁紙上留了十幾年，讓我能看到他們家庭所留下的生活活動紀錄，在台灣與中國的家庭很少用壁紙裝潢家庭，所以這是美國人特有的親子壁畫吧！

　　我爸爸常常開玩笑地對他的朋友說我家冰箱是一幅大畫，因為我每次畫完畫，手沒洗就跑到廚房開冰箱喝水，結果冰箱上面全是顏料了（我相當不鼓勵孩子們和我一樣，免得孩子被父母打罵），我爸爸是已經習慣我這畫家女兒了，所以有藝術家兒女的父母要很小心你家的冰箱及沙發哦！最好不要是純白的，否則，會像我爸爸在第一次看到我留在冰箱上的二手畫時，大吃一驚又無可奈何的。但如果我們願意，我們是可以和我們先生或太太及孩子一起把一些家具改裝成我們的創作家具，這也是很棒的一種想法。但是要先想好，不要到時心疼又後悔。不過值得嘗試，因為把家當成美術館，也包括展示創意家具。

　　另外，還可以在客廳顯眼的角落，定期定量地展出

和孩子們逛美術館是一種享受。

孩子和他朋友的作品，請你的家庭朋友來參觀，這就是你的家庭美術館了。像在荷蘭阿姆斯特丹的梵谷美術館，只展覽及收藏梵谷一生創作的素描、油畫、信件與文獻，也是世界級的一家美術館。

　　而我們收藏一些知名畫家和你孩子的作品，是一種投資，也是一種對藝術的尊重與接受的具體表現，在我們心理上也是一種慰藉和美的視覺享受了。

　　展示孩子的作品給客人看，無形中是對孩子的作品

予以某種程度上的肯定與鼓勵。這會使孩子更具自信與尊重藝術作品，不論是自己或別人的作品。

我相信我們社會若是有更多街頭與家庭美術館的話，我們所居住的環境會改進及美化，而我們就進入到充滿美的新紀元了。

台灣及亞洲社會對於藝術的收藏都比較偏向傳統的藝術作品，對於現代藝術就比較不那麼熱衷，然而，所謂傳統或經典之作就是以前流行過並且經專家認可的思想、藝術及文學作品，所以，如果我們多對現代藝術作了解，或許將來現代藝術成為傳統與經典時，我們還能和我們兒女與孫子談起我們這一代的藝術，那將是多麼值得驕傲的事啊！家庭空間有限，但家徒四壁卻也不是什麼好事。收藏一些畫會使家看起來亮起來，更有生命力在家裏展現出來，我們會因而有活潑的氣質。所以，可能家庭美術館比一般美術館對我們生活品質更有幫助和提昇作用。

最好用商量的口吻，和孩子一起安排去美術館的時間，還讓孩子有一點資料及概念知道他們將看到什麼，但不必給太多資料，因為惟恐使他們失去好奇與探險的心了。這就跟電影預告片的技巧一樣，要適中才好，人

家才可能被吸引去看電影。父母事先和孩子的溝通如何，會影響孩子去參觀展覽的意願。

　　我在台北市立美術館及一些畫廊展出作品的時候，曾經看到有些孩子就像在遊樂場一樣，東奔西跑，甚至玩躲貓貓或官兵捉強盜，我看到這種情形並不是很高興，心想這些孩子的父母是否沒教他們美術館不是遊樂場呢？如果父母要讓孩子在美術館裏玩一些平常就可以玩的遊戲，那就沒必要去美術館了，去兒童樂園還比較好一點！美術館是必須安靜參觀的地方。

　　還有一些父母帶著他們的孩子衝鋒陷陣式地把美術館的每一個展覽都看完，才有到此一遊的成就感。一次看那麼多的展覽，就連成人都吃不消，更何況是孩子呢？孩子可能疲累不堪，看到最後，連看到什麼都不知道了。因為人的視覺與腦部神經在一連串的刺激之後，需要有停下來休息的時間與空間，尤其是孩子，他們可以驚喜和興高采烈的看畫或藝術作品，但注意力只可能維持二十到三十分鐘。這不是他們不專心，而是他們身體上的限制。所以我建議，每一次去美術館，最好只參觀一、兩個展覽，不要再東征西討了。就在你們覺得有趣的展覽場地待上三十到四十分鐘吧！

帶孩子去看展覽，先讓孩子了解一下展覽的內容。

　　要給自己和孩子培養一種觀念——尊重藝術作品就是尊重自己。很多人看我展覽的作品時，都伸手去碰作品，他們不知道這是傷害作品的行為，更可能不知道其嚴重性。但如果以同理心來看這件事就不難理解了，如果一個陌生人跑到你女兒面前亂摸她的身體，父母做何感想呢？而且是一百到一千人摸她呢？所以可以想像得出來，如果太多人碰觸畫，畫布和顏色會有一定程度上的受損。

　　另外，當眾取笑創作者與作品，會使人覺得不妥且是沒教養的事，因為我們都不希望或不喜歡別人嘲笑我們和屬於我們的一切，所以我們要以理性來評論作品，而不是以嘲笑的態度去面對藝術作品；尊重別人的作品就是尊重及提升自我文化精神與品格。

　　我非常喜歡看到在美術館父母和小朋友一起討論展出的作品，這是非常好的親子互動表現。但是一些父母、成人或小孩聲若洪鐘、大呼小叫，妨礙了別人看作品的安寧氣氛，實在是損人不利己的事。在美術館，成人和小朋友是可以談話和討論，但請保持一定的聲量，以不吵到別人為標準。

　　另一類型的父母則是在說一些連我們畫家都覺得很深奧的行話給他們孩子聽，而且非讓孩子接受他們的論點不可。有一些父母帶孩子去看展覽，一直和孩子討論怎麼畫、怎麼作。不問孩子看到什麼，也不管自己和孩子看著藝術作品的感受。他們是看重技巧勝於欣賞，但我認為如何去作好美術作品和如何欣賞藝術作品應該是同等重要的。若是一個孩子被教導重視技巧勝過欣賞，可能造就他在技巧上很會畫畫，而且畫得很像實物，但是原創力、包容力和鑑賞能力就比較不是那麼強而廣

闊。一個被教導重視欣賞多於技巧的孩子，可能在美術
理論和鑑賞能力上有很傑出的表現，但是在技巧上就不
是那麼精進了。我們應該平衡這兩點，再審視孩子的能
力和興趣是在技巧上呢，或者是在欣賞上的研究？然後
再加強他的能力與補足他較弱的地方。應該在一開始就
以平衡技巧和欣賞的教導方式，加上孩子自己的經驗和
想像力，與父母的經驗和想像力結合。所以去美術館參
觀，可以從作品中的線條、色彩、形體與整體感欣賞開
始，然後和孩子彼此討論觀賞作品的想法與感受，這會
激發出我們和孩子的藝術潛能。

　　在討論對藝術作品的感受時，請父母先放開心胸去
聽孩子的感受，而不是一直要孩子聽你們的想法。你如
果這樣做的話，你也許會驚訝孩子的眼光及用詞是多麼
敏銳和令人讚歎啊！但這要常常和長期有機會讓孩子和
人分享他自己的想法和感受，才使孩子不會害怕說出他
的感想，更有勇氣去表達他們自己。

　　然後，父母或老師也可以用簡單又容易懂的言語和
孩子交換意見，不要只跟孩子說話，而是要雙向溝通。
如果孩子和我們意見不全然相同時，或我們被問到不懂
的問題時，我們可能先尊重孩子的意見及記住孩子的問

題，回家之後，儘可能找到正確答案回答他們。這樣，不但孩子敬佩我們的認真，更讓他們知道我們是在乎他們的。這又是親子建立親密又信任關係的一個重要環節了。

　　還有請注意孩子在看畫談畫的用詞，可能反應了他們心裏面所期待注意的事物。同樣的抽象畫，不同孩子有不同的說法，例如我的畫「旭日東昇」，孩子甲可能說「大火球！」孩子乙可能說「放煙火！」孩子丙可能說「太陽！」……等等，其實每個答案都是反映他們心裏面的想法及所知道的事物。從孩子對藝術品的看法來了解孩子的心理，是一種開放孩子及自己心靈很好的方式，有些父母老師們已經在做了，而且越做越覺得心中有一股甜蜜的力量油然滋生，使我們能更了解及更去愛我們的孩子。

　　越參觀美術館，我們和孩子的美感、價值觀、親密度及認同感會越緊密及融合，互相都能享受到在藝術中的美好感覺。

　　不過，還是請你們帶著孩子一起進幾趟美術館，親自體驗一下箇中滋味吧！

EQ 與美學

　　在目前的社會中，EQ 是相當流行的一個名詞，但什麼是 EQ 呢？除非，看過 EQ 那本書的人，才知道得很清楚吧！EMOTIONAL　INTELLIGENCE（情緒智商），中文譯為情緒智商，或情緒管理智商。和 IQ（智商）比較起來，EQ 的高低是人際關係上很重要的指標，IQ 高的人不見得 EQ 高，也不見得人際關係拿捏得很適當；EQ 高的人也不見得 IQ 高，但在人際關係上拿捏得較適當和得體。所以，EQ 高的人可能比 IQ 高的人更有人緣和成就。

　　IQ 高的人，有些從小在學校功課好，容易造成他們驕傲及難與人相處，其他小朋友也不容易和他們一起玩，和他們合作。這使他們更不知道如何與人相處，更令他們常遭人排擠，造成了他們孤獨又無法和人有良好溝通的習慣，所以比較可能會把自己侷限在較封閉的情緒與人際關係中。如此惡性循環下去，他們的人際關係

發展就不是很好，所得的成就也就有限了。

　　這不是他們自己願意，也不是他們所能想像的根本原因。他們希望自己有好的成就，但因個性上的因素，往往不可能有好的成就。他們會為了一點別人看起來很小的事就鑽牛角尖，甚至釀成了大悲劇。例如前幾年在美國，有一個大陸留學生槍殺了教授和同學的事件，就是很令人傷心的例子。

　　反觀一下，EQ 高而 IQ 平平或中上的人，他們懂得如何和自己相處，也樂意和朋友分享他們的經驗，樂於幫助他人，和他人相處得自然而有趣。因此，別人很高興和他們交往，他們有困難或有需要時，別人就會樂意去幫助他們，自然而然的，成功的機會就增加了。還有我們知道 EQ 不同於 IQ。EQ 的形成除了一部分是受大腦控制，一部分是可以從小就培養的。可以從很多方面培養起，就像美感與價值觀一樣，受父母的影響很大。父母就是孩子們的 EQ 指導者與培育者。

　　不過，我們經常看到一些像電視上出現的威權型父母，常常情緒失控地對孩子大聲咆哮、摔東西，甚至隨意動手打孩子（不管成年或未成年），他們自認為是在管教孩子，其實這種行為是 EQ 低的最具體表現。不問

小朋友的人際關係是從小就開始了。

孩子犯錯的原因，也不問他們的感受，就施加言語或行為上的暴力，這種低劣的 EQ 可能造成了兩種不同類型的孩子：一種是一直退縮在角落裏，有很深無力感的孩子；另一種則是具有暴力及叛逆個性的孩子。這兩種都是不太健康的類型，但他們父母恐怕不知道孩子 EQ 的高低是他們自己造成的。

　　我在這裏想到了一個問題：是否那些父母正面臨事業壓力、中年危機及更年期而不自覺，而情緒失控、遷

怒到親人與孩子身上呢？而孩子剛好就是在這段時間成
長的。這的確是相當困難的一段時期，尤其女性在更年
期的時候，生理影響心理，情緒起伏更是明顯。如何克
服呢？我們必須先了解自己可能有這種情形，努力去學
習管理情緒的方法與態度，使自己的情緒常處於平穩的
狀態。而且以此態度去對待正在青春期與情緒發展中的
孩子，使他們可以正面地肯定他們的人際關係，並且在
學習上有進步。

　　也許生理上，父母和孩子都一樣面臨了很大的轉
變，加上父母面對了社會人際關係、家庭壓力、外遇問
題、工作壓力，孩子則面對了學校人際關係、家庭期
望、男女朋友交往青澀期等等，兩方面都有極大的壓力
要克服。我們常常聽到一些父母對我們哭訴著孩子不聽
話，甚至，有時候連老師都不知道怎麼教孩子。其實，
許多家庭悲劇是由壓力和情緒失控產生出來的。我們不
能逃避這些問題，只有想辦法去面對我們的問題及試著
了解並控制我們和孩子的情緒。對家庭而言，這大概是
種危機，更是一種轉機。如果處理得很好，家庭更增加
了凝聚力。

　　父母怎麼度過自己的情緒危機呢？每一個專家都有

一套方法教我們，然而，我們和孩子在畫畫、做創作、想解決一些作品上的問題、討論美術作品時，你就會在這裏面了解你自己、你與孩子的關係、你對情緒的控制，進而作些調適，因為美術中有太多 EQ 所必備的方法與特質。創作使人快樂，創作前後的思考及認知是了解自己情緒的很好方式。在以後的幾章中，我們就來談談美術中的 EQ 特質如何使父母和孩子的 EQ 提高？

　　我們先來看一下 EQ 有什麼必備條件或定義吧！

　　1. 認識自己的情緒

　　2. 妥善管理自己的情緒

　　3. 自我激勵

　　4. 認知他人的情緒——同理心

　　5. 人際關係的管理

　　這五點特質，乍看和美術教育及親子關係似乎沒有直接的關聯，但是你知道嗎？在美學與親子關係中都離不開 EQ 的特質。孩子或你的 EQ 和美術作品一樣，不是一天就可以培養得出來，或隨手可得的，而是要花心思和時間不斷地調適、培訓、修正、鼓勵與磨練出來的。高 EQ 的父母在自己的事業上、身體上自有很多成功機會，他們關心和帶領著他們的孩子在藝術的道路

上，欣賞著別人，肯定自己的創作，不只是 IQ、EQ 都高，而且視野更寬了，並有著更廣的世界觀，這才是孩子應該從小培養的，父母也可以陪著他們成長。成長是非常不容易的，有父母陪著他們走人生的路是幸福的，希望不只是他們的童年，而是能延伸到他們的壯年、中年甚至是老年，都和父母一起，在藝術天地裏遨遊著，也有很高的 EQ。也許，在藝術中成長與享受，也是每一位美術教育者、美術愛好者的父母與孩子共有的心願吧！

認識自己的情緒

　　當我們的孩子或貓狗不小心打破了杯子或碗盤，我們的第一個反應可能就是去打孩子及生氣地罵孩子，我們認為那是憤怒的情緒造成的，實際上，我們往往也弄不清楚自己的真正情緒。小孩或貓狗打破杯子碗盤使我們陷入了一種驚嚇、恐懼、慌亂或失落的感覺，這時打罵孩子是可以減輕恐懼程度，紓解一下緊張的壓力。

　　但對孩子而言，打罵不是一件好事，因為孩子打破杯子對他來說，已經是處在很恐怖、又很不知所措的情形之中，父母這時候再打他、再罵他，只會使他更倉惶失措，根本沒法面對、了解自己的情緒與問題在那裏，更不可能幫助他自己去解決問題，去負應該負的責任。

　　這時如果我們做父母的或成人能冷靜下來認清自己的情緒，也許還可以堅定對孩子說：「你打破杯子了？這嚇了我一跳，你自己也嚇了一跳吧！下次小心一點，不要再打破了，看地上的碎片，拿掃把來，我們一起掃

乾淨。」甚至還可以說：「把地掃完，我們就來畫出我們對打破杯子的感覺。」

這使孩子了解到認知和承認自己的情緒，並不是件可恥又很難的事。就讓孩子的畫自己說話吧！而做父母的我們應該容許孩子有正常發洩的管道──畫畫、雕刻、打鼓、唱歌……，有些孩子甚至會在畫上表現出悲哀、喜樂、憤怒，甚至是復仇似的意念。我們應該准許他們這樣做。因為孩子不是畫他所看的實物，而是畫他所知、所想及所感的東西。孩子藉著創作藝術作品，（我們也鼓勵他們）表現自己的想法和感覺，將使他們更認知自己的情緒。甚至於負面與否定的情緒表現在復仇式的畫法中，也是應該被尊重及准許的。然後，老師和父母在了解之後，設法去紓解與輔導孩子，孩子不但學到了自己的感受是被了解與尊重，而且還能轉換成一些正面積極的心理建設，而不是被壓抑、被排斥，這對他將來的人格發展有著重要的影響。

記得在我大學二年級時，我哥哥的一個女朋友要和他分手，她所說的原因是因為他有一個像我這樣殘障的妹妹，她擔心婚後要照顧我。我聽到之後很生氣，在油畫課時沒有辦法照著教授的課進行，教授問我怎麼不畫

鼓勵小朋友發表自己的作品，會使小朋友了解自己。

呢？我告訴她原因之後，教授就叫我畫出那個女孩子的臉，把怒氣畫出來。結果我就畫了一節課，用盡力氣發洩那股怒氣，越畫就越舒服了。以我的技巧而言，那幅畫是失敗的作品，但我的教授卻走過來說：「至少妳可以畫出憤怒的氣勢，妳應該在妳以後的畫中表現更好，讓那個女孩知道妳可以照顧妳自己！」

　　果然在十年以後，我做到了。當時，我只是一個大二的學生，而且又是殘障，但是那位教授的作法使我了

解原來畫可以使自己了解這怒氣有多大，並引導我走向
正面的情緒。

創作是一種不自覺中了解自己情緒的行為，透過創
作的過程，會喚醒平時連我們都不知道或沒有察覺的情
緒反應，越創作就會越知道自己的情緒與自己要什麼。
而作品的色彩、線條與形體就呈現我們本身的情緒，使
我們了解、表達及接受我們自己的情緒和我們的一切。

父母應該花時間看孩子的作品，並且請孩子說明一
下他在這幅作品中所要表達的意念與心情。父母可能就
會發現以前想都沒想到孩子的天地、人格及情緒發展。
孩子會有種被接受與肯定的感覺，他們也會知道父母永
遠支持他們，是可以了解他們的情緒，和他們一起整
理、一起面對、解決問題的。更要讓孩子了解，世上的
人都有情緒方面的困難，但是沒有什麼事不能解決，除
非我們不去面對它。

父母因為了解小朋友的作品、性格與情緒，或許也
就更了解自己、幫助自己整理情緒，因為孩子就像是一
面鏡子，反映了你自己的一切。這是非常值得慶幸的，
因為你可以補償及糾正你自己的缺失，又從孩子身上找
到另外一個可塑造的自我。

　　在藝術親子互動的關係中，不是要像其他學科一樣，重視對與錯、理論和應用的技法，而是在於認識自己，幫助對方認識自己和情緒、激發想像、主動參與，在面對缺點與困難時，能有較好的應變能力。美術的理論和技巧則是要一點一滴地灌輸給孩子。有了對美術的興趣之後，父母和孩子就了解自己要學的美術理論與技巧是永無止盡的追求，會自然而然進步。而美術廣義延伸後，也可以是建築、服裝設計、工業產品和日常用品的外型設計、化學、光學、解剖學等等，或許在將來的日子裏，我們的孩子除了知道自己的情緒外，也更知道自己要什麼樣的生活、什麼樣的工作。

妥善管理自己的情緒

　　每一個人都有情緒高潮和低潮的時候，可是我們該注意我們的情緒是否影響到其他人，或其他人的情緒是否影響到我們。如果我們知道自己的情緒之後，就比較能控制自己的情緒，而且不影響到他人與被人影響。父母的情緒可能直接影響到孩子的情緒，如果一個父親或母親，缺乏妥善管理自己情緒的能力，孩子就很難擺脫被影響成為情緒化的人了。

　　許多父母認為以高壓威權的教育方式去對待孩子是比較容易的事，雖然他們也知道這種教育方式不見得是最好的，但卻是最容易的一種教育方式，我不想批評。如果這種威權對孩子產生了壓抑、退縮、逃避及情緒化的反應，做父母的人應該回想自己的童年是否也是這樣呢？而父母對自己的接受度又是怎麼樣的呢？這是相當深沈的反省，希望身為父母老師的我們可以多回想一下自己的童年，找出使我們快樂與難過的事件，然後我們

就知道如何對待孩子會比較好一點了。

　　一個常常陷入悲傷情況中，又不自覺地憂鬱、無法自我安慰的人，他的生理和心理也不會健康的。成人在人際關係上，缺乏管理自己情緒的能力，常常會因一點小事就吵架，傷害別人也傷害自己；也因為這樣，往往會沒有工作意願與耐心，導致了工作拖延，一氣之下就把工作辭了。這無關才華、工作能力，而是在於他們不懂得控制情緒。一次又一次的打擊，使他們有逃避、甚至自毀的行為表現出來。這時的親子關係會怎麼樣發展，就十分難預料了。父母會不會因工作或心情不順利就打罵孩子，造成孩子心理和肉體上的傷害呢？還是孩子會學習和爸媽一樣的管理情緒方式，成為一個遇到事情就憤怒、逃避、自毀、毫無承擔事務責任的人，就因為父母常因自己的情緒而疏忽了孩子。

　　做父母的責任實在很重大，若一個父親或母親能在困境中仍然儘可能自我安慰，在他們悲傷的時候，還可以注意到孩子，照顧好孩子，這就是和孩子互動和教導孩子管理好情緒的第一步了。請不要對孩子大吼大叫的說：

　　「走開、走開，你又來煩我了！討厭。」

　　如果你真的需要安靜處理一下你的情緒或事務，你可以對孩子堅定的說：「爸爸（或媽媽）有些事要處理一下，你先等幾分鐘，爸爸（或媽媽）會再和你談、陪你玩、看你的畫，好不好呢？」

　　諸如此類，孩子不但學習到忍耐，而且學到了很好的情緒及對人的尊敬，當父母自己能夠控制自己的情緒，孩子自然就比較可能控制自己的情緒了。

　　當孩子畫畫或創作藝術作品時，也可以學習到控制情緒的要領。一個孩子在畫畫時，就在管理與安排著他的情緒、思想與行動；因他們在選擇題目、材料、顏料、顏色、握筆的力量，或畫筆的運用、構圖、線條和整體感……等等，都是他們自主的控制情緒，不然他們大可以離開去辦其他的事，而不是創作作品。他們在創作時，所表現出的穩定力、自主、自制能力，往往是他們學會控制自己情緒的訓練與指標。一個孩子在畫畫和創作時所有的氣質和表情都會和平常不太一樣，如果他們專注在他們的畫或作品裏，他們是平和、滿足的，雖然會快樂得大叫，但基本上，是相當平穩的。而他們本身可能是外向或內向的個性，所表現的技法、顏色都不同。但學畫或作美術作品時，是一種耐心與控制的訓

練，父母或老師不應該催孩子快作好一件作品（給孩子一個期限就行了）。因這是孩子表達內在自我感情的方式。

　　請父母、老師放下既定的觀念、虛榮與面子問題，不要認為要求孩子畫出成人作品才是好作品，孩子作品最可貴的地方就在於表現出自由、天真、率直的特質，而不在於它精緻、華麗。如果硬要孩子學精細技巧、配色上的絕對，反而會使孩子的畫失去最寶貴的童真了。

　　技巧是可以一步一步訓練與培養的，而且越練就越好，但是孩子一旦失去了他率真的特質，就很難再把它喚回來了。做父母的應該鼓勵孩子多畫，也請尊重孩子吧！

　　如果孩子一直畫同樣的東西，那可能是孩子想得到或一直沒法滿足的東西，或曾看到注意的東西，父母就要去找出原因，並試著幫助他們，因孩子並不知道自己的盲點在那裏。

　　曾經有一個小男孩整天只畫漫畫七龍珠，老師們試著改變他的畫風，讓他畫更多其他東西來豐富他的畫，但失敗了。原因是他父母整天忙他們的事，孩子一下課就往漫畫屋去看漫畫了；我並不是說畫漫畫不好，看漫

畫是一種啟發想像力的好方式，讓孩子自己可以創造出一些漫畫人物和想像出漫畫故事，才是非常重要又有趣的事。但是很可惜的是，這小男孩只僵化地複製、抄襲著一些漫畫人物，或許對他來說是比較容易讓父母知道他畫得多像多好，其實他真正需要的是一個真實的爸爸，可以在他身邊陪他，但是父親都在外面，孩子只好壓抑和僵化自己的情緒來適應這種生活型態。這個孩子並沒有學習妥善管理情緒能力的環境，他只是一直在壓抑自己的情緒，我們並不知道這小男孩現在的情形，但我常常在想，當時如果他父親可以在他身邊看著他畫畫，並且說：「好棒，但是你可以創造你自己的英雄人物啊！」或者說：「你可以畫一些他的新朋友嗎？」父親對孩子的影響非常巨大，尤其對男孩子，父親形象是他的典範，父親如果不注意孩子的話，那可能使孩子產生恐懼及不安全感。父親如果參與孩子的藝術活動，將使孩子有種穩定感，他們會認真學習藝術及其他科目，因為他們知道父親支持他們。

引導孩子表達且適當地管理及紓解他的情緒，父母做這件事應比其他人更容易了。只是父母有沒有時間和心力去為小孩的心靈成長做一些事呢？

自我激勵

　　自我激勵在我們認知上似乎是很容易的一件事，實際上卻是不太容易達到。因為我們可能在幼年時沒有受到足夠的注意、關懷及鼓勵。還有我們父母或老師可能沒有給我們明確的目標去達成。我曾經問過一個小朋友說：「你將來要做什麼？」

　　他的回答是：「上小學！」

　　「然後呢？」

　　「上國中！」

　　「然後呢？」

　　「上高中！」

　　「然後呢？」

　　「上台大！」

　　「然後呢？」

　　「出國留學！」

　　「然後呢？」

「不知道……」

這或許是一般父母給孩子的期待，而孩子就在這種期待中成長，他們似乎沒有自己的興趣及明確的目標。對他們而言，父母的期望就是他們的目標。但是父母的期待往往太籠統及太遠程。我們應該了解一件事，孩子要有明確目標並認清目標才可以自我激勵，從小就該給孩子大大小小清楚實際的目標，讓孩子依能力一步一步去完成，不是給他們許多籠統、遠程又不切實際的目標，使他們因為達不到目標而沮喪與灰心，無法自我激勵。

我在美國念大學時，一個同學帶著她五、六歲的女兒來看我，我和那孩子聊起天來，我問她將來要做什麼？她稚嫩聲音堅定的說：「美容師！」而她母親則是很高興的看著她，我在想這個小女孩的目標雖然在一般中國父母眼中可能很難接受，但是她的目標卻是實際而明確的，而且是她能力可以輕易達成的。所以我很欣賞這小女孩的母親，也就是我的同學，在教導孩子上有很好的心態，無論孩子做什麼決定或有什麼目標，只要是正常的就支持他們。

其實，創作對每一個人來說都是一種目標與完成，

小朋友的美術作品是他建立自我激勵的方式之一。

也是心靈和視覺上的滿足與成就。不知道你是否嘗試過
畫圓圈？畫一個圓很容易，畫幾個圓圈並組合一下，會
成為什麼？可能是一張笑臉，也可能是一面鏡子，甚至
可能是蝴蝶、毛毛蟲、天使……，所以只要一動筆，便
可以創造自己想像的東西，有時候，只要動筆就會驚訝
於自己能畫出一些東西，這是非常可以激勵自己的一件
事。

　　如果在年紀小的時候，父母或一些監護人員對孩子

的創作做出了一些限制、負面、情緒化的評論，那很可能使孩子失去了自信及自我肯定的機會，而陷在成人或者自己所設的框框裏，沒辦法以寬廣的心去欣賞、創作不同的藝術作品了。父母的創作與工作觀念直接影響孩子。如果，父母對自己的工作有無力感，一直都死氣沈沈地工作，那麼孩子怎可能會有活潑的氣質呢？如果父母在一天工作之後，雖然累了，仍對自己說：

「至少我還可以工作，而且工作得很好。」

孩子聽到之後也會在他所設立的目標中，包括創作、功課與人際關係，無論遇到多大困難，都可以自我激勵。

我們的父母或老師在孩子創作或做任何事情時，應該常常對他們說：

「我相信你，我信任你！」

「我知道你可以做到和完成這件事！」

「我知道你注意到這件事了。」

「你對我來說很重要哦！」

這對孩子的自我價值與肯定有相當大的鼓勵及激發作用。當孩子或父母創作出一件藝術作品時，可以先討論一下自己喜歡的部分，然後再評論可能要再加強的部

分，更要強調的一點是：那幅畫是我自己的作品，是我××人的作品、獨一無二的作品！

　　畫畫、雕塑及設計本身就是具有創作自我實現的功能。看到自己所做出的作品時，就有一種激勵與滿足，這時，父母及老師若是能夠鼓勵、引導孩子們朝正面與積極的心理建設方向前進，孩子則會更自信、不畏縮。

　　我曾經教過一個孩子，本來他上課時很專心，後來越來越不專心畫畫，我就找他單獨談話，發現原來是父母給他的壓力太大，使他不知道怎麼做才符合父母的要求，就不知道該怎麼畫了。我告訴他他畫得很不錯，希望他繼續畫出好作品。而且，我也找他父母談了一下，希望他們能改變對孩子的態度，聲調放柔一點，並以鼓勵代替責備。

　　我不知道他們聽了我的話之後，有何感想，也不知道他們對那孩子的態度改變了嗎？但是，我們全班都看到那孩子又恢復了專心，和同學之間也更融洽了，也許這就是父母的功勞。

　　只要父母及你我改變以往的態度，幫助孩子在藝術成長中，找尋自信，激勵自己，也許看到了孩子的自我肯定，父母也能重新再找回自我價值。每一個人都有潛

能，或許身為父母可以由孩子成長中學習到以前所享受不到的，或發現自己沒被發掘的藝術潛能，你根本不需要把你所得不到的掌聲與關懷的期待全傾注在孩子身上，因為你也可以在藝術中得到快樂與滿足。你也可以創作及欣賞藝術作品，孩子是孩子，我們是我們，我們自己活在自信又豐富的生活中，孩子自然會像我們一樣活出明艷動人的生命色彩。

在不同階段的人生，有不同的藝術表現方式、不同的需求，發揮每一個人的才能與肯定，激勵自己、善待自己，我們可能給孩子和自己全新的人生境界。

認知他人的情緒——同理心

在人際關係中，清楚地認知別人的情緒是相當重要的。如果認清別人的情緒，許多事情都可能迎刃而解。從這本書一開始，就一直在強調父母與老師們應該以孩子的立場來看事情、看世界、看人生，但仍然保有自己的立場及感覺。如果自己失去了立場和感受，則沒有辦法了解別人的感覺和情緒，自己無法接納自己的情緒，也無法接納別人可能有的情緒反應。例如一個父親或母親自己可能無法接受自己一發脾氣就大吼大叫或大哭大鬧，他也會在他孩子發起脾氣時就大叫、大哭，予以痛斥。而如此循環下去，孩子可能永遠都不能夠接受自己和任何人反對他時有一點情緒上的反應。

其實，了解自己和別人的情緒是同等重要，但了解別人的情緒是必須多觀察、和人相處。封閉的人際關係使孩子沒機會接觸到一些與他們本身不一樣的人，也無法觀察人與人之間互動的關係。

　　有時候一個人不懂別人的情緒又做出不太適合的反應，會使別人受傷，自己受的傷更大，一個沒有同理心的人，往往沒有辦法感受到別人的感覺，而且感受力很低、缺乏觀察能力和具暴力、反社會傾向，如果從小不培養孩子有同理心，他將來可不可能犯罪或是否有無法適應社會的傾向，就很難判斷了。

　　每個人都有虐待或受虐的傾向，只是程度上的差距而已，但是同理心，使我們會認知我們虐待人或動物時，人或動物會像我們一樣感到痛苦，因此產生了同情，就停止了虐待；若沒有同理心，則虐待行為會持續下去，而且越來越殘暴，我們常在報紙和電視的社會新聞，看到很凶殘的作案方式，大部分的罪犯對被害者的痛苦視若無睹，也不理會被害者的掙扎與喊叫，只為滿足自己的慾望，行為竟然偏差暴虐到這種地步。當一個人不把別人當做完整的個體時，是什麼行為都做得出來的。這可能是父母和老師只教孩子知識，並沒有教導他們每一個生命都應該同等的對待，因為每個生命都是珍貴的，甚至是一個小小的、不會說話的嬰兒。

　　任何一個嬰兒都有他的喜怒哀樂，我們可以學習觀察他們，日子久了，我們便了解什麼可能使他們的情緒

波動及反應（例如：突然關門、突然大叫）。創作使人更有觀察力和敏銳的心理。

　　當一個人創作時，他也必須整合他對人的外表與情緒的感覺（尤其在畫人物肖像時），如果他是一個專業的藝術工作者，他所研究的將不止這些，還包括了不同色彩與線條的組合會給觀眾怎麼樣的情緒反應（像紅色尖角三角形會給你怎樣的感受？而紅色方形和紅色尖角三角形有什麼不同？）。

　　創作後的修改工作是讓自己沈澱，從自己的視覺世界走出來是一種自我省視的行為，對自己和別人的情緒認知越清楚，對作品的了解、省視和修改程度也越高。反應出的一些情緒是平常難以觀察到的。

　　家長或老師有空時不妨也拿起筆來，試試看吧！當然，也要鼓勵孩子創作，而且帶孩子去美術館與畫廊看畫。

　　每一幅畫中的色彩、線條、圖形、距離、空間與構圖都不同，因為不同的創作者有不同的文化背景與情緒，所用的質材也不同，我們不僅感受作品本身，更要體會和欣賞不同藝術家的心情及他們所表現不一樣的藝術形態。所以看畫展，不僅是欣賞、討論和臨摹，也是

進入畫家的心靈世界，了解怎麼去看世界，和他們對這個世界有什麼期盼。

若讓孩子從小就接觸到藝術作品，他的觀察及心智成長可能比一般孩子敏銳而且敏感，認知別人情緒的能力自然增強了，不至於不了解其他人的情緒，而用語言傷到對方和自己了。

有些孩子敏感、內向，其實他們懂得很多人的情緒，但是他們有些恐懼去反應及幫助他人整理情緒，他們知道怎麼去幫助人，但是，他們需要的是鼓勵。在我們美術班上，曾有一個孩子，我們看她所表現的作品是相當傑出的，但她媽媽說她不太說話，常常自己一個人在角落裏，不管其他人怎麼哭（她或許也會跟著哭），她還是在那裏。後來我和她媽媽商量鼓勵她說話，讓她看更多的童話故事書。結果，她在我們班上畢業的時候，已經能夠活潑地說話及幫助、安慰別人了。

父母、老師們也要學習以同理心對待孩子，你喜歡的東西，別人可能也喜歡，你不喜歡的東西或行為舉止，別人可能也不喜歡。你希望孩子不要在你工作的時間打擾你，你就不要在他們畫畫、作美術勞作或專心其他事情時打擾他們，讓他們有他們的空間。

　　還有，父母及老師最好以孩子的立場看事情，了解孩子的情緒，幫助孩子度過一些負面的情緒。在我們兒童美術班曾有一個孩子，他在上課時，走來走去影響其他同學上課，我覺得他好像沒有安全感或可能要人注意他，於是我就給他一個大抱枕，讓他抱著上課，結果他立刻就可以安靜下來，專心聽我們的課及畫畫了。

　　如果我們不以孩子的立場來看這件事及處理好這件事，全班上課都會受影響，那孩子也很難安靜下來好好學習。因此，了解孩子的情緒，並幫助引導孩子，是父母及老師所要加強的能力，孩子未來怎麼辦，誰也沒有辦法預料，但至少當他們還在我們身邊的時候，我們就盡量地使他們快樂的畫畫，創作出很多很好的作品。只要他們快樂的創作，就該為他們高興了。

　　我們欣賞、讚美、適時鼓勵著他們，使他們能以同樣的心態去欣賞和讚美他們的朋友，他們會融洽相處在一起，孩子不只是敏銳和敏感地去幫助朋友，更能贏得很多好朋友了。

　　讓孩子知道如何避免傷害自己和別人的情緒，這樣孩子的世界會更豐富，生命會更強盛和廣闊。即使在自己心靈被人傷害到的時候，也可以用繪畫、寫文章或其

他創作來治癒，甚至昇華了。在創作過程中，可以和孩子談那件事，使孩子更了解不同的人可能有不同的情緒發洩管道。有些人可能以傷害人為發洩情緒的方式，我們如果可以了解他們的立場，或許我們的傷害會減到最低的程度，而孩子可以選擇創作成為他們表現情緒的方法之一。父母、老師也可以選這種方式去表現出自己的情緒，當孩子以這方法來紓解自己的情緒和壓力時，父母及老師就了解到孩子的情緒與想法，更肯定孩子的作品。

會畫畫或創作的人有福了，因為他們有作品，就不用拿著刀槍在街上追追殺殺。

人際關係管理與美術教育

乍聽到人際關係的管理，會令人聯想到控制和利用人際關係。然而，並不全是這樣，應該是更確切地知道和掌握所認識的每一個人的特質，接納和欣賞他們，和人相處時有更好的溝通方式，使自己和別人在一起，無論是工作或交朋友都融洽。

這人際關係的管理在中國人的社會比西方社會更重要，因為中國人講人情，凡事都以「和」為貴。如果沒有良好的人際關係，很容易遭到排擠，即使有再大的才華，也無從發揮起了。舉一個相當典型的例子吧！《紅樓夢》中的兩位女主角：林黛玉和薛寶釵。就才華而言，黛玉是比寶釵更讓寶玉及大觀園的人傾羨的，但是就人際關係而言，寶釵的處處用心和落落大方卻讓所有人都讚美及受惠，造就後來兩人不同的命運：黛玉在瀟湘館內焚稿、病死；寶釵卻成了寶玉的新娘（雖然在最後她並沒有那麼平順地做寶玉的太太，這是因為他們夫

妻兩人個性上的差距，在此不討論）。其實《紅樓夢》中的大觀園就是一個中國典型社會的縮影。所以，我們看得出來，人際關係對於中國人的影響與重要了。一般人對於有藝術天分的孩子及成人所有的想法是，像林黛玉這種不食人間煙火類型，大都沒有辦法好好的待人處事。是的，我們藝術界確實有很多這類的人，因為從事藝術工作，往往得關起門來創作，寂寞孤獨地做我們自己的事，缺少與人接觸的時間和機會，所以個性上會有一點孤芳自賞，難免對人際關係的掌握，就不是那麼的精確細膩了。

　　但是，一個成名的藝術工作者卻是一個小團體的領導人，這種情形在美國紐約藝術界更是如此。如果藝術工作者是走職業路線，而且成名了，他所面臨的其實是和一般人一樣的壓力和競爭。在事業上，必須有很多人幫他去完成事務上的瑣事，甚至大型的雕刻，必須請人來幫他完成作品及搬運。而這必須要有很強又很好的領導能力。藝術工作者實在不如想像中的浪漫哦！所以一個好的藝術家必須有很強的領導能力，那麼藝術創作與藝術教育和人際關係的管理有何主要關聯呢？怎麼培養一個既有美感又有領導、管理人際關係的孩子呢？

畫畫就是一種相當好的人際關係的互動。

　　一個創作者不但要有孤獨的創作時間與環境，而且還要面對人群，包括工作人員與觀賞者。如果他不能面對人群，那事業就很難有進展，他也很難生存下去。

　　事實上，美術教育也是種自我與本身及自我與他人的溝通教育。

　　一個創作者和一個欣賞者藉著畫使彼此心靈契合、了解與感動。當一個孩子看到許多畫之後，他會把自己的感動在自己的畫中展現出來，雖然技巧上可能不是那

麼成熟與華麗，但是其他孩子看到他的作品時，也會受到激盪和啟發，在這種情形下，孩子也是在管理他人的情緒。

　　而美術教育中的集體創作，也是人際關係管理中很好的一種訓練方式，他們從集體創作的過程中，了解到各人有自主權，也可以影響到整個畫面和作品的完整性，但是在團體中仍然只是一分子。

　　我很鼓勵父母和孩子一起創作一件藝術作品，因為從這樣的活動，父母和孩子會尊重彼此及管理和別人的情緒，否則根本不可能合作得很好。

　　幫助孩子發表他們的作品也是另外一種建立他人際關係管理的自信，例如在孩子生日時，邀請他的朋友來玩，看他的作品。邀請些什麼人是由孩子決定，邀請函也是由孩子自己設計。

　　孩子作品發表時，別人看他的作品會有所反應及評論，孩子聽和看了以後，才能了解自己的作品會引發別人怎麼樣的情緒與說法，下次再畫或創作的時候，就知道怎麼去作才更引人入勝，更進一步地捉住他要人感受的情緒。

　　可能要小心一點的是，並不是每一個人所評論的，

從美術教學中，小朋友也學到與人相處的方式。

都對孩子的作品有幫助，父母應該清楚地告訴孩子，這些話只是做參考，而不是要他們照單全收。

父母對孩子的美術教育如果很用心思，那麼，孩子也是會感受到的，而反應在作品上是一種親愛、溫暖的感覺。這也是父母和孩子之間人際關係的管理形式吧！

EQ 和美術教育都必須要父母和孩子一天一天建立共識、默契與成長的。父母和孩子若能在美術中成長培訓，也許會有 EQ 和 IQ 都很好的父母及孩子了。

感謝協助

心理出版社

功文文教基金會

台北 YMCA 永吉會所幼兒園

台北 YMCA 永吉會所，李輝雄所長

台北 YWCA

吳武典教授

畢新東教授

黃迺毓教授

蘇振明教授

Charles Borman 教授

Robert Reeser 博士

黃德全牧師及師母

黃光男館長

宋　珮老師

陳淑玲老師

唐立娟老師、祝錦華小姐、黃恒娟小姐

參考書目

Brookes, Mona (1996), *Drawing with Children*. New York: Putnam Publish Group.

Coloroso, Barbara (1995), *Kids Are Worth It*. New York: Avon Books.

Gonant, Howard, and Randall, Arne (1959), *Art in Education*. Pearn Chas A. Bennet.

Faber, Adele and Mazlish, Elaine (1996), *How to Talk So Kids Can Learn At Home and in School*. New York: Simon and Schust Inc.

Jeffson, Blanche (1996), *Teaching Art to Children*. Boston: Allyn and Bacon Inc.

Rosemond, John, K (1991), *Parent Power*. Kansas City: Gniversal Press Syndicate Co.

Sharpe, Deborah, T (1975), *The Psychology of Color and Design*. Chicago Littlefield: Adam and Company.

胡宗林，《繪畫與視覺想像力》，台北：遠流出版社，
　1986。

蘇振明，《兒童線畫教學研究》，台北：中華色研出版
　社，1986。

潘元石，《幼兒畫教學藝術》，台北：信誼出版社，
　1989。

王偉光，《如何引導兒童欣賞美的世界》，台北：培根
　文化事業，1994。

陳瑤華，《兒童美術教學講座》，台北：藝術家出版
　社，1996。

鄭進明等著，《認識兒童讀物插畫》，台北：天衛文化
　圖書有限公司，1996。

夏勳編，《美術教育選集》，台北：世界文物出版社，
　1985。

黃迺毓等著，《如何閱讀圖畫書》，台北：鹿橋文化，
　1996。

梁培勇，《遊戲治療——理論與實務》，台北：心理出
　版社，1996。

日本霜田靜志（蔡金柱、李叡明譯），《兒童畫的心理

與教育》，台北：世界文物，1993。

熊本高工、福井昭雄（李英輔譯），《兒童是天才》、《塗鴉萬歲》，聯明出版社，1996。

Goloman, Danielk（張美惠譯），"EQ-Emotional Intelligence"，台北：時報文化，1996。

Pirto Ione（陳昭儀、陳琦、張素華譯），《瞭解創意人》，台北：心理出版社，1995。

國家圖書館出版品預行編目資料

家家都有藝術家：親子EQ與美學／黃美廉著.--初版--
臺北市：心理，1998（民87）
面；　公分.--（親師關懷；7）
參考書目：面
ISBN 957-702-266-9（平裝）

1.兒童心理學　2.親職教育　3.美術—教育

523.12　　　　　　　　　　　　　87005658

親師關懷7　家家都有藝術家：親子EQ與美學

作　　　者：黃美廉
美術編輯：于興順
總　編　輯：林敬堯
發　行　人：邱維城
出　版　者：心理出版社股份有限公司
社　　　址：台北市和平東路一段180號7樓
總　　　機：(02) 23671490　傳　　真：(02) 23671457
郵　　　撥：19293172　心理出版社股份有限公司
電子信箱：psychoco@ms15.hinet.net
網　　　址：www.psy.com.tw
駐美代表：Lisa Wu　tel: 973 546-5845　fax: 973 546-7651
登　記　證：局版北市業字第1372號
印　刷　者：翔勝印刷有限公司
初版一刷：1998年5月
初版四刷：2004年9月

定價：新台幣200元　■有著作權・翻印必究■
ISBN 957-702-266-9

讀者意見回函卡

No. _____   填寫日期：　年　月　日

感謝您購買本公司出版品。為提升我們的服務品質，請惠填以下資料寄回本社【或傳真(02)2367-1457】提供我們出書、修訂及辦活動之參考。您將不定期收到本公司最新出版及活動訊息。謝謝您！

姓名：_____　性別：1□男　2□女

職業：1□教師 2□學生 3□上班族 4□家庭主婦 5□自由業 6□其他____

學歷：1□博士 2□碩士 3□大學 4□專科 5□高中 6□國中 7□國中以下

服務單位：_____　部門：_____　職稱：_____

服務地址：_____　電話：_____　傳真：_____

住家地址：_____　電話：_____　傳真：_____

電子郵件地址：_____

書名：_____

一、您認為本書的優點：（可複選）

　　❶□內容 ❷□文筆 ❸□校對 ❹□編排 ❺□封面 ❻□其他____

二、您認為本書需再加強的地方：（可複選）

　　❶□內容 ❷□文筆 ❸□校對 ❹□編排 ❺□封面 ❻□其他____

三、您購買本書的消息來源：（請單選）

　　❶□本公司 ❷□逛書局⇨_____書局 ❸□老師或親友介紹

　　❹□書展⇨____書展 ❺□心理心雜誌 ❻□書評 ❼其他_____

四、您希望我們舉辦何種活動：（可複選）

　　❶□作者演講 ❷□研習會 ❸□研討會 ❹□書展 ❺□其他____

五、您購買本書的原因：（可複選）

　　❶□對主題感興趣 ❷□上課教材⇨課程名稱_____

　　❸□舉辦活動 ❹□其他_____　　（請翻頁繼續）

心理出版社 股份有限公司

台北市 106 和平東路一段 180 號 7 樓

TEL: (02) 2367-1490
FAX: (02) 2367-1457
EMAIL:psychoco@ms15.hinet.net

沿線對折訂好後寄回

六、您希望我們多出版何種類型的書籍

　❶□心理　❷□輔導　❸□教育　❹□社工　❺□測驗　❻□其他

七、如果您是老師，是否有撰寫教科書的計劃：□有□無

　　書名／課程：＿＿＿＿＿＿＿＿＿＿＿＿＿＿＿＿＿＿＿＿＿＿＿

八、您教授／修習的課程：

上學期：＿＿＿＿＿＿＿＿＿＿＿＿＿＿＿＿＿＿＿＿＿＿＿＿＿＿＿

下學期：＿＿＿＿＿＿＿＿＿＿＿＿＿＿＿＿＿＿＿＿＿＿＿＿＿＿＿

進修班：＿＿＿＿＿＿＿＿＿＿＿＿＿＿＿＿＿＿＿＿＿＿＿＿＿＿＿

暑　假：＿＿＿＿＿＿＿＿＿＿＿＿＿＿＿＿＿＿＿＿＿＿＿＿＿＿＿

寒　假：＿＿＿＿＿＿＿＿＿＿＿＿＿＿＿＿＿＿＿＿＿＿＿＿＿＿＿

學分班：＿＿＿＿＿＿＿＿＿＿＿＿＿＿＿＿＿＿＿＿＿＿＿＿＿＿＿

九、您的其他意見

謝謝您的指教！　　　　　　　　　　　　　　45007